JOHANNA PAUNGGER
THOMAS POPPE

Im Rhythmus von Mond, Natur und Zahl

Unsere essenziellen Bausteine für ein gesundes, erfülltes Leben

Inhalt

Unsere Essenz?

Thomas Poppe (mit ziemlich aufgeregter Stimme): Johanna, stell dir vor, unser Verlag Gräfe & Unzer möchte, dass wir zu seinem 300-jährigen Bestehen ein Buch über die „Essenz unserer Arbeit“ schreiben!

Johanna Paungger (mit gänzlich unaufgeregter Stimme): Na gut, und was versteht der Verlag unter unserer „Essenz“?

Thomas: Das überlässt er ganz uns. Wie würdest du denn die Frage beantworten?

Johanna: Wahrscheinlich geht es darum, unser Wissen um den richtigen Zeitpunkt in Harmonie mit Mondphasen und dem Stand des Mondes im Tierkreis quasi in der Nussschale zu präsentieren. Vielleicht auch noch ergänzt um die Bedeutung der Zahlen im Geburtsdatum, beziehungsweise das Zahlenrad …

Thomas: Meinst du, das ist wirklich unsere Essenz? Vielleicht geht es eher um den Grund, *warum* wir dieses Wissen aufgeschrieben haben.

Johanna: Wie würdest du denn die Essenz unserer Arbeit formulieren?

Thomas: Lass mich nachdenken.

Johanna: Versuch’s einfach mal.

Thomas: Also, ich sehe das so: *Unsere Leserinnen und Leser erhalten von uns eine große Vielfalt von Werkzeugen, um in ihrem Leben immer mehr Unabhängigkeit zu gewinnen, auf allen Ebenen – echte Hilfe zur Selbsthilfe eben. Wir helfen, sich von Zwängen aller Art zu befreien, sowohl finanziell als auch geistig und seelisch. Unser Wissen hilft Geld sparen, Kraft sparen, Lebensglück gewinnen, in jedem Bereich des Lebens. Das ist die Essenz unserer Arbeit.*

Johanna: Das hast du schön gesagt.

Thomas: Danke! Da fällt mir ein berühmtes Buch ein: Das „Book of the Book“ bestand aus 10 Seiten mit sehr kurzen Geschichten aus dem Orient und aus weiteren 250 Seiten, die gänzlich unbedruckt waren. Anfangs schickten es viele LeserInnen zurück, weil sie es für Fehldrucke hielten. Kurze Zeit später erhielt es mehrere Preise, auch von der UNESCO. Man hatte begriffen, dass es als Lektion diente, um das alte Sprichwort mit Leben zu erfüllen: „Verwechsle nie das Gefäß mit dem Inhalt.“

Johanna: Also verstehe ich dich richtig? Du willst ein paar Zeilen schreiben und den Rest des Buches leer lassen? Damit wäre der Verlag sicher nicht glücklich.

Thomas: Nein, nein. Ich dachte nur, es kann nicht schaden, wenn wir den eigentlichen Grund für unsere Arbeit nennen – also quasi die treibende Kraft zwischen den Zeilen. Und natürlich nicht nur dazwischen. Das Buch könnte tatsächlich jetzt schon zu Ende sein, aber nachdem es ja viele Leserinnen und Leser gibt, für die das nur schöne Worte sind, fangen wir doch damit an, einen kleinen, aber feinen Blumenstrauß an guten Dingen aus unserer Werkstatt zu binden und zu übergeben – verbunden mit unseren besten Wünschen für gutes Gelingen!
Johanna: Dem schließe ich mich an. Vielleicht sollten wir hier noch kurz eine Frage beantworten, die sich sicherlich die Neulinge unter unseren Leserinnen und Lesern stellen werden, nämlich, woher dieses Wissen eigentlich stammt.
Thomas: Du hast recht: die bei weitem häufigste Frage, die Journalisten uns stellen.
Johanna: Also, das ist nicht schwer. Ich bin auf einem Bauernhof in den Tiroler Bergen aufgewachsen. Das Handeln zum richtigen Zeitpunkt war alltägliche Selbstverständlichkeit, ein Mondkalender hing bei uns immer an der Küchenwand. Wir haben sowohl den Segen der Wahl des richtigen Zeitpunkts aus erster Hand erfahren, andererseits haben wir natürlich auch die Folgen eines ungünstigen Zeitpunkts am eigenen Leib spüren müssen.

Dass man sich *nicht* nach dem Mond richten könnte, habe ich erst im Alter von 16 Jahren herausgefunden, als ich in die Stadt ausgewandert bin. Tatsächlich hatte ich anfangs das Gefühl, dass sich die Menschen aus eigener Entscheidung das Leben schwer machen. Dass sie es aus Unkenntnis taten, auf diese Idee bin ich in den ersten Wochen und Monaten gar nicht gekommen.
Thomas: Ja, da musste ich ein wenig Übersetzungsarbeit leisten, was die Menschen alles *nicht* wissen, inklusive mir selbst natürlich. Wenn man es richtig betrachtet, sind alle unsere Bücher Abbilder des Alltags bei euch.
Johanna: Richtig. Aber jetzt sollten wir unseren LeserInnen die ersten Schritte bei dieser Entdeckungsreise leicht machen.

Alles in der Natur bewegt sich in Rhythmen. Sternenbahnen, Planetenbewegungen, Sommer und Winter, Tag und Nacht, Ein- und Ausatmen, Tanz, Anstrengung und Erholung, Wachen und Schlafen, der Herzschlag eines Lebewesens …

Gleich nach der Geburt warten zahllose Naturrhythmen auf uns, erlebt, erfahren, erlitten zu werden – im Körper und außerhalb. Von der unmerklichen Entwicklung unserer Zellen in Siebener-Rhythmen bis zum Erleben von brutalem Wettergeschehen, das Häuser fortschwemmt, fortbläst. Vom Tagesrhythmus der Organe über den persönlichen Biorhythmus bis zur Arbeit des Landwirts, der auf vielfältige Naturrhythmen vertraut, um die Welt zu ernähren. Das Wissen darum, dass man dem Wellenschlag des Universums Achtung entgegenbringen muss, gehörte jahrtausendelang zu den wenigen *echten* Selbstverständlichkeiten im Leben unserer Vorfahren. Sie achteten auf die Natur, hörten auf ihre Sprache.

Mit dem alten Wissen um die Mond- und Naturrhythmen können Sie eine Brücke bauen zwischen den alten und den neuen Ufern der Welt. Auf dem alten Ufer saugen senile, alte Bekannte das Letzte aus uns heraus: menschenfeindliche Maschinen- und Medikamente-Medizin, die nur Symptome kuriert. Sterile Show-Gärten, deren Pflege viel Arbeit und viel Chemie bedeutet und das Grundwasser vergiftet. Nahrungsmittel und Diätregeln, die uns müde, fett und krank machen. Ungeliebte Haushaltsarbeit mit harscher Chemie. Körperpflege als lästige Pflicht. Industrie-Landwirtschaft, die kraftlose Produkte liefert und uns alle vergiftet.

Auf dem neuen Ufer einer guten Zukunft begegnen Sie neuen, echten Freunden, auf die Sie sich verlassen können: gesund sein und gesund bleiben aus eigener Kraft. Paradiesgärten, naturfreundlich und pflegeleicht, mit eingebauter Kräuterapotheke. Menschenwürdige Ernährung, die uns wach, fit und lebensfroh hält. Gepflegter Haushalt mit Spaß-Garantie. Fröhliche Bio-Körperpflege, „weil ich es mir wert bin“. Und eine Landwirtschaft, die Körper, Geist und Seele ernährt, ohne irgendeine Seite auszubeuten – weder die Bauern noch die Konsumenten und die Umwelt.

Es ist noch nicht zu spät, wie wir seit jetzt über 30 Jahren erleben dürfen! Lassen Sie sich ein auf ein Erfahrungswissen, das an keiner Schule gelehrt wird und trotzdem eine große Chance bietet, auf natürlichem Weg zu einer gesunden Umwelt und Unabhängigkeit zu gelangen. Millionen unserer LeserInnen haben schon erfahren, dass es das Leben leichter macht. Ein wenig Geduld – das ist die einzige Investition, die dieser Schatz unserer Vorfahren von Ihnen verlangt, wenn Sie ihn heben möchten.

Bei diesem kleinen Abenteuer wünschen wir Ihnen viel Freude.

1

Der Mondkalender

Arbeitsgerät vieler Jahrtausende

» Mondkalender wären sinnlos, würde niemand fühlen, was sie zeigen. Sie sind ein Wecker für das schlafende Gefühl. «

DER ÜBERSETZER

Der Mond bewegt die Meere und manchmal auch die Herzen, wenn uns eine Vollmondnacht wieder einmal an das erinnert, was im Leben wirklich wichtig ist. Aber wussten Sie, dass er eine große Vielfalt von Kräften anzeigt, die uns das Leben erleichtern können?

Wir finden es ja manchmal lustig und auch ein wenig traurig, wenn wieder einmal Archäologen eine großartige Entdeckung aus den Vor- und Frühzeiten der Menschheit machen, die beweist, mit welch unglaublicher Hingabe und Präzision früher Gebäude, Artefakte, ja, ganze Maschinen erdacht und gebaut wurden, die einen einzigen Zweck hatten: den Lauf der Gestirne und besonders des Mondes abzubilden. Steinkreise wie Stonehenge, die Himmelsscheibe von Nebra, der „Mechanismus" von Antikythera, der Maya-Kalender, um nur einige zu nennen.

Was bei der Beschreibung der archäologischen Entdeckungen immer wieder fehlt, sind Hinweise darauf, *warum* sich unsere Vorfahren solch unendliche Mühe gegeben haben, den Lauf der Sterne und Planeten zu berechnen. Das geschah nämlich gewiss nicht aus wertfreiem Forscherdrang und purer Neugier!

Direkte persönliche Erfahrung und Wahrnehmung und die Notwendigkeiten des Alltags ihrer Zeit hatten nämlich unseren Vorfahren jenseits allen Zweifels gezeigt, dass der Stand der Sterne und besonders des Mondes förderliche und bremsende Einflüsse auf alles Lebendige mit sich bringt. Sie hatten erkannt, dass ein Instrument, das diese Kräfte zuverlässig *im Voraus* berechnet und darstellt, von unschätzbarem Wert für Überleben und Gedeihen ihrer Gemeinschaften war.

Ein Kalender, der Mondphase und Mondstand im Tierkreis anzeigt, gehört dabei zu den allerwichtigsten. Die Kräfte zu kennen und anzuwenden, die ein solcher Kalender anzeigt, heißt, positiven Einfluss zu nehmen auf Erfolg und Ertrag von Landwirtschaft, Gartenarbeit und Waldnutzung, auf den Heilungsverlauf von Operationen, auf den Erfolg von Schlankheitskuren, auf das dauerhafte Resultat von Fitness-Übungen – und noch vieles mehr, wie das Inhaltsverzeichnis verrät.

Der Schlüssel zur „wunderbaren Welt des richtigen Zeitpunkts" ist also ein Mondkalender. Vielleicht wirkt es ein wenig einschüchternd, wenn Sie jetzt schon etwas durch das Buch geblättert und die Vielfalt der Tätigkeiten und Regeln betrachtet haben, die vom richtigen Zeitpunkt profitieren können.

Vertrauen Sie uns, es ist wirklich nicht schwer, langsam in dieses Wissen hineinzuwachsen. Aus Hunderttausenden von Zuschriften unserer LeserInnen wissen wir: Es ist machbar! Am besten, Sie picken sich aus all den Tätigkeiten eine oder zwei heraus, auf die Sie neugierig sind, vielleicht, weil Sie selbst damit Probleme haben, und beherzigen für einige Monate die entsprechenden, einfachen Regeln.

Lassen Sie sich dann von ihrer eigenen Erfahrung inspirieren und wenden sich anschließend der nächsten Erfahrung zu. Die einzig nötige Investition ist Geduld. Für den Fall, dass Sie noch nie einen Mondkalender verwendet haben, folgt hier eine kurze Einführung.

Was bedeutet es, wenn in unseren Büchern und auch auf den folgenden Seiten von den verschiedenen „Zuständen" des Mondes die Rede ist, die auf so viele Tätigkeiten im Alltag Einfluss nehmen? Was bedeutet „Vollmond" und „Neumond", „zunehmender Mond" und „abnehmender Mond"? Was steckt zum Beispiel hinter dem Satz: „Vollmond im Tierkreiszeichen Jungfrau sorgt für stärkeres Wurzelwachstum"? Oder hinter: „Mond in Waage regiert die Hüftregion"?

Der Einfachheit halber hat sich die Menschheit Formulierungen wie diese angewöhnt: „Der Mond beeinflusst die Pflanzen", „Mond im Tierkreiszeichen Zwillinge regiert Arme und Hände", oder auch: „Der abnehmende Mond wirkt entgiftend". Um Fragen zuvorzukommen: Für alle Zwecke des Mondwissens ist es völlig gleichgültig, ob tatsächlich *der Mond selbst* diese Wirkung hat oder ob er zeitgleich mit bestimmten Vorgängen auf der Erde die immer gleichen Positionen einnimmt. Er übernimmt dann nur die Funktion eines Uhrzeigers, vergleichbar etwa, wenn der große und der kleine Zeiger auf der Ziffer Zwölf ankommen: Die beiden Zeiger „bewirken" ja auch nicht, dass die Sonne am höchsten steht bzw. gerade Mitternacht ist.

In diesem Buch bleiben wir beim Sprachgebrauch, der von alters her im Umlauf ist: *Der Mond, seine Phasen und seine Position im Tierkreis wirken auf die Erde und auf alles Leben. Wie* genau der Mond das tut? Die Antwort darauf finden Sie in unserer Arbeit und auf den folgenden Seiten. *Warum* er das tut und wieso das alles so gut funktioniert, das herauszufinden ist sicherlich ein sehr interessantes Abenteuer und unserer Beobachtung nach ist die Quantenphysik schon länger dabei, die Zusammenhänge zu erforschen. Aber nun zu den fünf wichtigsten Impulsen des Mondes:

Neumond: Steht der Mond – von der Erde aus gesehen – genau zwischen Erde und Sonne, dann liegt seine uns zugewandte Seite völlig im Dunkeln. Für wenige Stunden ist er dann nicht zu erkennen und auf der Erde herrscht „Neumond". Im Mondkalender wird der Neumond als schwarze, manchmal auch als dunkelblaue Scheibe eingezeichnet. Die Energie und Einflüsse des Neumondtages sind am deutlichsten kurz *vor* Neumond fühlbar. Schon kurze Zeit nach diesem Zeitpunkt herrscht:

Zunehmender Mond: Wenige Stunden nach Neumond wird der Mond als feine Sichel erkennbar, die sich nach links öffnet. Die gesamte Phase zwischen Neumond und Vollmond bezeichnet man als „zunehmenden Mond", sie dauert etwa 14 Tage. Alle Kräfte, die der zunehmende Mond freisetzt, werden umso stärker, je näher der Vollmond rückt. In der Regel machen sie sich drei Tage vor Vollmond am deutlichsten bemerkbar.

Vollmond: Nimmt man den Neumond als Beginn, hat der Mond jetzt die Hälfte seiner Reise um die Erde vollendet, er steht als leuchtender Vollmond am Himmel. Im Mondkalender ist er als weiße oder gelbe Scheibe eingezeichnet. Schon kurz nach Vollmond machen sich die Kräfte des abnehmenden Mondes bemerkbar. Wenn also der Vollmond schon um 2 Uhr früh eintritt, ist es streng genommen gar kein „Vollmondtag". Die Vollmondkräfte konzentrieren sich dann auf den *vorherigen* Tag! In unseren Kalendern sind die genauen Zeiten für Vollmond und Neumond angegeben (jedoch ohne Sommerzeit, denn die Natur richtet sich nicht danach).

Abnehmender Mond: Kurz nach Vollmond wandert der Mond langsam weiter, sein Schatten wächst und wird von rechts nach links immer größer. Die etwa 14-tägige Phase des abnehmenden Mondes dauert, bis wieder Neumond herrscht. Die vom Abnehmen des Mondes angezeigten Kräfte werden umso stärker, je mehr der Mond abnimmt, und sind kurz vor Neumond am stärksten. An Neumond beginnt der Kreis dann wieder von Neuem, der Mond nimmt zu.

Der Mondstand im Tierkreis: Im Mondkalender sind im Laufe eines einzigen Monats alle zwölf Tierkreiszeichen angegeben. Wenn die Erde um die Sonne wandert, hält sich die Sonne im Laufe eines Jahres jeweils etwa einen Monat lang in einem Zwölftel des Tierkreises auf – vom Tierkreiszeichen Widder Ende März bis zum Tierkreiszeichen Fische Ende Februar. *Dieselben Tierkreiszeichen* durchläuft auch der Mond bei seinem etwa 28-tägigen Umlauf um die Erde, wobei er sich jedoch in jedem Zeichen nur etwa 2,5 Tage lang aufhält! Frühere Mondkalender gaben diese Positionen im Tierkreis immer nur für ganze Tage an, deshalb steht der Mond im Kalender manchmal zwei, manchmal drei Tage in einem Tierkreiszeichen.

Die Grundtabelle: Die Tabelle auf Seite 13 ist neben dem Mondkalender ein grundlegendes Handwerkszeug. Sie gibt einen Überblick über die unterschiedlichen Wirkungsimpulse der einzelnen Mondstände im Tierkreis – auf Körperzonen, Pflanzenteile, Nahrungsqualität und Organsystem – und zeigt Ihnen die gebräuchlichsten Symbole für die Tierkreiszeichen, um das Auffinden und Identifizieren dieser Zeichen in den Mondkalendern zu erleichtern[1].

Die Tabelle zeigt es auf einen Blick: Mit dem Mondstand im Tierkreis sind zwölf unterschiedliche Kraftwirkungen verbunden, die auf der Erde deutliche „Spuren" hinterlassen. Sie lassen sich zwar selten so unmittelbar erfühlen wie beispielsweise der Vollmond, aber der Einfluss auf Pflanze, Tier und Mensch ist deutlich erkennbar, besonders, was die Wirkung auf den Körper und die Gesundheit, auf den Garten und die Landwirtschaft betrifft. Beispiel: Der Mond in Jungfrau ist ein „Wurzeltag". Alle Maßnahmen zur Förderung des Wurzelwachstums an diesen zwei oder drei Tagen sind wirksamer und erfolgreicher als an anderen Tagen. Dies gilt auch für eine Vielzahl weiterer Arbeiten im Garten. Im Laufe der Lektüre der folgenden Seiten werden Sie sicherlich öfter zu dieser Tabelle zurückkehren.

Unterschiedliche Mondkalender – warum?

Der Erfolg unserer Bücher und Kalender hat Hunderte von Plagiaten auf den Buchmarkt gespült. Leider sind viele Mondkalender anders berechnet, deshalb möchten wir kurz darauf Bezug nehmen. Ausführlich schildern wir die Zusammenhänge gerne per E-Mail (vrz@aon.at).

An dieser Stelle nur das Wichtigste: Unsere Kalender sind nicht „unsere" Kalender. Sie werden seit Jahrtausenden so und nicht anders berechnet und verwendet. Anders berechnete Kalender bilden nicht die Grundlage des Wissens, das wir Ihnen in unseren Büchern nahebringen und das die Jahrtausende überdauert hat. Wer sich in der Praxis des Mondwissens auskennt, findet schnell heraus, womit er arbeiten kann und womit eher nicht.

Manche Kalenderverfälschung geschah früher allerdings absichtlich. Im Laufe der Geschichte ist das Mondwissen immer wieder auch deshalb in Vergessenheit geraten, weil sich Kirche und Staat zu allen Zeiten vor aufgeklärten und unabhängigen Menschen fürchteten. Ein unabhängiger, selbstverantwortlicher Geist fällt nicht auf Macht- und Ausbeutungsbestrebungen herein. *Positives* Wissen ist für manch einen Machthungrigen die größte Bedrohung, besonders wenn es die Wissenden dabei unterstützt, sich von Institutionen aller Art abzunabeln.

Der Mondkalender – das einzige Werkzeug

Um voll und ganz von diesem Buch profitieren zu können, brauchen Sie als einziges Werkzeug einen korrekt berechneten Mondkalender. Wir haben deshalb für unsere Leserinnen und Leser eine ganze Serie unterschiedlich gestalteter Mondkalender entwickelt – vom Abreißkalender mit speziellen Tipps für jeden Tag bis zum Fotowandkalender mit Mondfotos und vielen Tätigkeiten in Symbolform, die am jeweiligen Tag günstig oder ungünstig sind.

Damit Sie aber sofort in das Wissen um den richtigen Zeitpunkt einsteigen können, stellen wir Ihnen einen Mondkalender für das jeweils aktuelle und das folgende Jahr zur Verfügung: einfach den QR-Code scannen. Und schon können Sie loslegen!

Wir leben heute in Zeiten relativ großer Informationsfreiheit. Die Werbung, das Internet und die Medien allerdings arbeiten häufig zusammen, um unsere Intuition so sehr mit leeren Informationen zu verstopfen, dass wir unsere „Antennen" verlieren. Wir müssen wieder lernen, uns Zeit zum Nachfühlen zu nehmen, und wieder mehr Geschmack am Echten und an der Wirklichkeit entwickeln statt an den Ersatz- und Suchtstoffen aus Medien und Internet. Wir haben die Freiheit, uns korrekt zu informieren, der eigenen Erfahrung zu vertrauen und entsprechend zu handeln. Nutzen wir diese Freiheit! Unseren LeserInnen guten Stoff zu bieten – auch das gehört zur Essenz unserer Arbeit.

Grundtabelle / Wirkungsimpulse der Tierkreiszeichen

Tierkreiszeichen	Körperzone	Organsystem	Nahrungs-qualität	Pflanzenteil	Tagesqualität
Widder	Kopf, Gehirn, Augen, Nase	Sinnesorgane	Eiweiß, Frucht	Fucht	Wärmetag
Stier	Kehlkopf, Schild-drüse, Zähne, Kiefer, Mandeln, Ohren	Blutkreislauf	Salz	Wurzel	Kältetag
Zwillinge	Schultern, Arme, Hände (Lunge)	Drüsensystem	Fett	Blüte	Luft-/Lichttag
Krebs	Brust, Lunge, Magen, Leber, Galle	Nervensystem	Kohlen-hydrate	Blatt	Feuchtetag
Löwe	Herz, Rücken, Zwerchfell, Blutkreislauf, Schlagader	Sinnesorgane	Eiweiß, Frucht	Frucht	Wärmetag
Jungfrau	Verdauungs-organe, Nerven, Milz, Bauchspei-cheldrüse	Blutkreislauf	Salz	Wurzel	Kältetag
Waage	Hüfte, Nieren, Blase	Drüsensystem	Fett	Blüte	Luft-/Lichttag
Skorpion	Geschlechtsor-gane, Harnleiter	Nervensystem	Kohlen-hydrate	Blatt	Feutetag
Schütze	Oberschenkel, Venen	Sinnesorgane	Eiweiß, Frucht	Frucht	Wärmetag
Steinbock	Knie, Knochen, Gelenke, Haut	Blutkreislauf	Salz	Wurzel	Kältetag
Wassermann	Unterschenkel, Venen	Drüsensystem	Fett	Blüte	Luft-/Lichttag
Fische	Füße, Zehen	Nervensystem	Kohlen-hydrate	Blatt	Feuchtetag

2

Moon Power für Garten, Feld und Wald

Saat und Ernte in Harmonie mit dem Mondkalender

» Schon Ende Dezember beginnen die Bäume aufzuwachen. Die Säfte steigen, auch bei klirrender Kälte. Schon Ende Juni beginnen die Bäume mit dem Rückzug. Blätter fallen nicht einfach im Herbst, neue Knospen stoßen sie ab. Bäume sprechen miteinander über große Entfernungen. Besucht die Schule, die euch von solchen Dingen erzählt. «

(RON FISCHER)

Als 1991 unser erstes Buch „Vom richtigen Zeitpunkt" erschien, dauerte es nicht lange und eine Flut von Zuschriften brach über uns herein. Ihre Zahl ist heute – nach Übersetzung in bisher 30 Sprachen – auf Hunderttausende angewachsen, die wir fast alle selbst bearbeitet und beantwortet haben. Sogar ein Buch war notwendig geworden, um diese Flut halbwegs zu bändigen: „Fragen an den Mond"[2]. Das Feedback unserer LeserInnen versetzte uns natürlich in die Lage, ein klares Bild zu gewinnen, wie wir noch besser auf ihre Bedürfnisse eingehen können und welche weiteren Themen aus dem Schatz des Wissens um den richtigen Zeitpunkt als Nächstes folgen sollten.

Deutlich wurde auch, dass das Wissen um den Einfluss der Mondrhythmen in Bruchstücken überall auf der Welt noch lebendig ist. Italienische und spanische Olivenbauern schrieben uns, dass es eine absolute Selbstverständlichkeit sei, Olivenöl nur „bei zunehmendem Mond an Öltagen zu gewinnen" (Zwillinge, Waage, Wassermann). Ein neuseeländischer Maori schickte uns einen Kalender fürs erfolgreiche Fischen nach dem Mond. Kopien uralter Mondkalender in Sanskrit mit Symbolen für günstige und ungünstige Termine in der Landwirtschaft erreichten uns. Und natürlich kamen speziell aus Bergregionen in aller Welt Zuschriften mit Sätzen wie: „Auf den Mond haben meine Großeltern noch ganz genau geachtet …"

Das Wissen hat also überlebt. Dabei zeigte sich, dass die meisten Bruchstücke aus dem Wissen um den richtigen Zeitpunkt in Gartenbau, Land- und Forstwirtschaft stammten. Deshalb möchten wir den ersten Themenbereich mit Regeln zum richtigen Zeitpunkt in diesem Buch diesem Aspekt widmen.

Manchmal werden wir gefragt: Ist das Mondwissen nicht längst überholtes, angestaubtes Großmutterwissen – umständlich und belächelt, sowohl von der Wissenschaft als auch im eigenen Freundeskreis?

Alt ist das Wissen, ja, viele Jahrtausende sogar. *Ver*altet? Überholt? Nein. Im Gegenteil: Kaum ein Wissensschatz unserer Vorfahren könnte moderner und zukunftsträchtiger sein als das Wissen um den richtigen Zeitpunkt im Mondrhythmus. Es ist so wirkungsvoll, dass sich nach dem Erscheinen unseres ersten Buches[3] die Zahl der Biobauern im deutschen Sprachraum innerhalb von sieben Jahren verzehnfacht hat! Wissen macht Mut, und es macht mehr und mehr Mut, je mehr es sich bewährt!

Sie dürfen einen Garten pflegen? Nein? Haben Sie einen Balkon? Nein? Aber Sie haben Fensterbänke? Dann haben Sie alles, was Sie brauchen, um sich Gesundheit, Lebenskraft und echte Medizin ins Haus zu holen. Dafür genügen Informationen, etwa über den Einfluss der Mondrhythmen auf den Garten und die Natur.

Der Mondkalender ist im Wesentlichen nur ein Abbild der Wirklichkeit, ähnlich einem unfehlbaren Wetterbericht, der Ihnen auf den Tag genau günstige Winde für Ihr Vorhaben anzeigt und voraussagt. Er bildet die Perlenkette der Tierkreiszeichen im Jahreslauf ab, zeigt Ihnen den Wellenschlag der Mondphasen und weist den Weg zum richtigen Zeitpunkt fürs Pflanzen, Ernten, Jäten, Schneiden, Umtopfen, Reinigen, Einkochen, Pikieren, Mulchen und vieles mehr.

Gärtnern nach dem Mond ist nicht kompliziert, und alle Tätigkeiten und Grundregeln, die wir in diesem Kapitel vorstellen, sind ausnahmslos auch in der Landwirtschaft anwendbar.

Eine Tätigkeit im Garten werden Sie in diesem Kapitel vermissen: das Bewässern und Gießen im Freiland. Wenn Sie beim Säen und Pflanzen den richtigen Zeitpunkt im Mondkalender beachten, ist regelmäßiges Gießen im Außenbereich nicht nötig. Nur zu Beginn, beim Ansäen, sollte die Erde feucht sein, bis die kleinen Pflänzchen gut sichtbar sind. Deshalb sollten Sie möglichst am Abend setzen und säen, dann haben Samen und Pflänzchen bessere Chancen. Danach brauchen Sie nicht mehr zu gießen. Wenn Sie aber mit dem Bewässern in einem Jahr schon begonnen haben, beispielsweise im Frühling, dann müssen Sie während des ganzen Jahres gießen! Die Pflanzen und Blumen sind dann schon verwöhnt und würden bei zu starker Sonnenbestrahlung eingehen. Kübel-, Balkon-, Topf- und Zimmerpflanzen sowie Glashaus-Gewächse *müssen* bewässert werden – allerdings viel seltener, als Sie im Moment vielleicht noch glauben.

Fassen Sie Mut! Lassen Sie die alten Vorstellungen, genauer gesagt die „modernen“ Vorstellungen von der Gartenpflege, hinter sich, und freuen Sie sich an gesunden, kräftigen, widerstandsfähigen, schmackhaften Ernten. Sie werden überrascht sein zu erfahren, wie einfach das alles geht. Sie können auf giftige Düngemittel und Pestizide völlig verzichten. Ihr Garten kann zu einer Oase der Regeneration und Muße werden – und zu Ihrer ganz persönlichen Apotheke.

Der Mond in Garten, Feld und Wald – Grundregeln

Säen und Setzen von Pflanzen mit oberirdischen Früchten (Ausnahme: Kopfsalat und andere schießende Pflanzen):

Günstig: Bei zunehmendem Mond. Alternativ von Zwillinge bis Schütze, außer Krebs, unabhängig von der Mondphase.

Ungünstig: Bei abnehmendem Mond inklusive Neumond.

Vorteile der Wahl des richtigen Zeitpunkts: *Die Pflanzen entwickeln kräftige Blätter, Blüten und Samen. Gemüse wird widerstandsfähiger gegen Unwetter, Trockenheit und Ungeziefer. Die Lagerfähigkeit wird erhöht und nicht zuletzt gewinnen die Erntefrüchte an Aroma und Geschmack. Mit der Wahl des Tierkreiszeichens können Sie zudem entscheiden, welchen Pflanzenteil Sie begünstigen wollen.*

Was geschehen kann, wenn Sie eine ungünstige Zeit wählen: *Viele Pflänzchen werden schlecht anwurzeln oder später bei stärkeren Belastungen, bei Regenmangel oder Ähnlichem leiden oder eingehen. Die Pflanzen sind windempfindlich, verfügen über zu wenig Abwehrkräfte gegen Hitze und Ungeziefer. Der Ertrag bleibt unter den Erwartungen. Die Früchte und Gemüse schmecken oft erdig, fade und wässrig.*

Tipps und Tricks: „Oberirdisch" wachsende Pflanzen und Gemüsesorten – damit ist gemeint, dass der später zur Ernte gewünschte Pflanzenteil oberirdisch wächst – also Früchte, Samen, manchmal auch Blätter und Blüten, nicht jedoch die Wurzeln. Radieschen etwa entwickeln bei zunehmendem Mond saftige Blätter, während man nur kleine rote Kügelchen erntet, die obendrein schnell verderben.

Für Früchte sollten Sie für das Setzen und Säen einen Fruchttag wählen: Widder, Löwe oder Schütze. Blattgemüse (Spinat, Lauch und so weiter) wird am besten gesät und gesetzt, wenn ein Blatttag im Kalender steht: Krebs, Skorpion oder Fische. Für Blumen und die meisten blühenden Heilkräuter eignet sich ein Blütentag gut: Zwillinge, Waage, Wassermann.

Keine Regel ohne Ausnahme: Salatköpfe, Tomaten und Erdbeeren gehorchen anderen Regeln. Tomaten können Sie zu jeder Mondphase setzen, hier sind die Tierkreiszeichen wichtiger, an denen Sie pflanzen. Idealerweise sind das die Fruchttage Widder, Löwe und Schütze. Würden Sie Tomaten an Blütentagen (Zwillinge, Waage, Wassermann) setzen, blühen Ihre Tomaten noch wunderschön, während der Nachbar schon erntet.

Auch Tomaten müssen im Freien nicht bewässert werden und benötigen auch keinen Regenschutz, wenn man sie zum richtigen Zeitpunkt pflanzt. Wir persönlich hängen sie nicht einmal an, weil starker Wind die Stauden abknicken würde. So können Sie bequem am Boden entlangwachsen. Wenn zu wenig Unkraut wächst und die Tomaten ungeschützt bleiben, streuen wir ein wenig Stroh unter die Stauden. Den Rest überlassen wir der Natur, den Regenwürmern und anderen freundlichen Helfern. Wir haben immer bis in den Advent hinein frische Tomaten!

Säen und Setzen von Pflanzen mit unterirdischen Erntefrüchten (Kartoffeln, Karotten, Rote Bete, etc.)

Ideal: Bei abnehmendem Mond an Widder, Löwe oder Schütze.

Günstig: Bei abnehmendem Mond inklusive Neumond, außer bei Krebs und Fische.

Ungünstig: Bei zunehmendem Mond inklusive Vollmond und immer bei Krebs und Fische.

Spezialfall Kartoffeln: Sie bilden die kleine Ausnahme in den Regeln fürs Setzen und Säen von Gemüsen mit unter der Erde wachsenden Erntefrüchten. Sehr fein wäre hier der abnehmende Mond in den Fischen, günstig wirkt sich noch generell der abnehmende Mond aus, außer in Skorpion. Ungünstig ist der zunehmende Mond inklusive Vollmond und generell das Tierkreiszeichen Skorpion.

Vorteile der Wahl des richtigen Zeitpunkts: *Sie werden der Bauer mit den dicksten Kartoffeln! Und Karotten, und so weiter! Die Früchte gedeihen gleichmäßig groß und verfaulen nicht. Bei Kartoffeln bleiben die gefürchteten grünen Stellen aus. Die Lagerfähigkeit steigt und sie treiben nicht so früh aus.*

Was geschehen kann, wenn Sie eine ungünstige Zeit wählen: *Es dauert lange, bis sich die Erntefrüchte vermehren, und sie bleiben kleiner. Trotz des Häufelns schieben sich speziell Kartoffeln zu schnell nach oben und werden grün. Die Lagerfähigkeit ist generell vermindert, Kartoffeln beginnen schon im Winter zu keimen und werden innen schwarz.*

Tipps und Tricks: Um bei Kartoffeln eine Grünfärbung zu vermeiden, muss man sie manchmal „häufeln" (mit Erde überdecken). Der richtige Zeitpunkt: an Fruchttagen (Widder, Löwe, Schütze), niemals an Blütentagen (Zwillinge, Waage, Wassermann)!

Säen und Setzen von kopfenden Pflanzen (wie Kopfsalat, Weiß- und Rotkohl)

Ideal: Bei abnehmendem Mond an Waage, Skorpion oder Fische.
Günstig: Bei abnehmendem Mond, außer Jungfrau und Schütze.
Ungünstig: Bei zunehmendem Mond inklusive Neumond und Vollmond.
Sehr ungünstig: Bei zunehmendem Mond inklusive Neumond und Vollmond in Jungfrau und Schütze.

Umtopfen und Umsetzen

Ideal: Generell bei Jungfrau.
Günstig: Bei zunehmendem Mond inklusive Vollmond mit Ausnahme von Wassermann und Fische.
Nicht günstig: Bei zunehmendem Mond in Wassermann und bei abnehmendem Mond inklusive Neumond.
Sehr ungünstig: Bei abnehmendem Mond in Wassermann und Fische.
Vorteile der Wahl des richtigen Zeitpunkts: *Sie haben beste Chancen, dass alles wieder gesund anwächst und Wurzeln bildet. Die Pflanze erholt sich sofort, sie „verweigert" nicht die Nahrung, Wachstumsstörungen bleiben aus. Blüten, Stängel und Blätter bleiben straff, die Pflanze merkt gar nicht, dass sie eine andere Wurzelumgebung bekommen hat oder an einen anderen Ort verpflanzt worden ist.*
Was geschehen kann, wenn Sie eine ungünstige Zeit wählen: *Die Pflanze braucht viel Kraft, um sich vom Umzugsschock zu erholen. Manchmal ist sie beleidigt und geht früher oder später ein. Blumen und Kräuter vertrocknen oft, obwohl man sie angemessen feucht gehalten hat. Die Wurzeln schließen ab und können kein Wasser mehr aufnehmen, sie verhungern regelrecht. Je älter die Pflanze, desto größer die Gefahr, dass sie die Aktion nur geschwächt oder gar nicht übersteht.*
Tipps und Tricks: Nötig wird ein Umtopfen und Umsetzen meist durch zu kleine Pflanzgefäße oder ausgelaugte Erde. Zusätzlich zum richtigen Zeitpunkt im Mond-

kalender sollten Sie auch noch etwas anderes als Faustregel berücksichtigen: Der späte Nachmittag und Abend sind für das Versetzen und Umtopfen am besten geeignet. Die Kräfte einer Pflanze orientieren sich nämlich auch an der Tageszeit. Von 3 Uhr früh bis 15 Uhr nachmittags steigen Säfte auf, danach sinken sie bis 3 Uhr früh wieder ab. Mit anderen Worten: Die Pflanze wächst nach 15 Uhr besser an als am Morgen. Ausnahme: Steht der Mond im Tierkreiszeichen Jungfrau, ist die Beachtung der Tageszeit nicht wichtig (außer bei älteren Pflanzen!).

Die Umtopfregeln eignen sich auch für Ableger und Stecklinge. Sie wachsen rasch an und bilden in kurzer Zeit neue Feinwurzeln. Die Jungfrau-Tage eignen sich auch hier wieder am besten. Im Herbst liegt Jungfrau im abnehmenden Mond, was die Natur sehr fein eingerichtet hat, weil die Wurzeln begünstigt bleiben.

Rasen mähen

Ideal: Bei Krebs und Skorpion.

Günstig: Bei zunehmendem Mond mit Ausnahme von Zwillinge, Waage, Wassermann und Löwe.

Ungünstig: Generell an Zwillinge, Waage, Wassermann und Löwe. Öfter an Fische mähen macht den Rasen dünn.

Vorteile der Wahl des richtigen Zeitpunkts: *Der Rasen wächst robust heran und ist widerstandsfähiger. Die Grasnarbe schließt sich schneller, Fäulnisbildung bleibt aus und der Rasen kann nicht so leicht austrocknen. Die Gräser sind unempfindlicher, wenn Kinder auf dem Rasen spielen. Auch nach einem heftigen Gewitter bleibt der Rasen stabiler.*

Was geschehen kann, wenn Sie eine ungünstige Zeit wählen: *Das Gras wächst weniger kräftig heran und ist nicht so widerstandsfähig, selbst bei regelmäßigem Eingießen. Nachsäen ist in einem solchen Fall fast immer nötig, besonders wenn an Zwillinge, Waage oder Wassermann gemäht wurde.*

Tipps und Tricks: Mähen Sie entweder morgens oder abends, niemals in der direkten Mittagssonne. Ideal wäre abends, weil sich dann die Schnittkanten schön schließen können. Manchmal wird der Rasen absichtlich nur bei abnehmendem Mond gemäht, um das Wachstum zu verlangsamen und um nicht so oft mähen zu müssen. Das ist keine gute Idee, denn der Rasen bekommt kahle Stellen und verschwindet schließlich ganz. Ist Ihr Rasen zu wenig belüftet, können Sie Regenwürmer zu sich einladen. Am besten legen Sie irgendwo an einer schattigen Stelle im Garten ein Holzbrett auf den Boden, und schon vermehren sich die guten Geister.

Pflanzenernährung und Düngen

Ideal: Ein Tag nach Vollmond, wenn nicht an Zwillinge, Waage oder Wassermann.
Günstig: Bei abnehmendem Mond.
Ungünstig: Bei zunehmendem Mond und bei Neumond.
Vorteile der Wahl des richtigen Zeitpunkts: *Erdreich und Pflanzen können den Dünger optimal aufnehmen. Die Nährstoffaufnahme kann gut dosiert ablaufen, ein Schnellwuchs von Wassertrieben bleibt aus. Sie können Naturdünger den Vorzug geben und auf Chemie völlig verzichten.*
Was geschehen kann, wenn Sie eine ungünstige Zeit wählen*: Es belastet das Grundwasser, nach der sauberen Luft unser wertvollstes Gut. Die Erde kann Dünger kaum aufnehmen. Im Freiland bleibt er liegen oder wird ins Grundwasser gewaschen. Dafür ist nicht nur die Landwirtschaft verantwortlich, sondern auch jeder Einzelne, der zu viel und zum falschen Zeitpunkt düngt.*
Tipps und Tricks: Für die Anwendung von Kunstdünger gibt es nicht einen einzigen guten Grund. Wenn Sie nur eine einzige Tätigkeit im Garten – nämlich den Pflanztermin – zum richtigen Zeitpunkt ausführen, haben Sie schon fast alles getan, damit die Pflanze gesund und robust heranwächst. Die Pflanze holt sich aus der Erde und der Luft alles, was sie braucht. Natürlich abgelagerter Kompost, bei abnehmendem Mond ausgebracht, reicht als Pflanzennahrung in der Regel völlig aus. Wenn Sie in den Gartenbeeten eine Fruchtfolge (Abwechseln der Pflanzen) einhalten, muss das nicht einmal jährlich geschehen. Der Zusatz von „Essenziellen Mikroorganismen“ sorgt dafür, dass landwirtschaftlicher Dünger nicht stinkt.

Spezialfall Löwe-Tage: Sie sind auch bei abnehmendem Mond nicht gut zum Düngen geeignet, weil Boden und Pflanzen dann stärker austrocknen. Düngen Sie an Löwe deshalb nur, wenn der Boden ständig zu feucht ist.

Jäten und Unkrautregulierung

Ideal: Bei abnehmendem Mond im Tierkreiszeichen Steinbock und unabhängig vom Mondstand am 18. Juni vormittags

Günstig: Bei abnehmendem Mond inklusive Neumond, außer Löwe.

Ungünstig: Bei zunehmendem Mond inklusive Vollmond.

Schlecht: Bei zunehmendem Mond im Tierkreiszeichen Löwe.

Vorteile der Wahl des richtigen Zeitpunkts: *Das Unkraut kommt kaum noch nach oder bleibt ganz aus. Das Wurzelwerk lässt sich viel leichter aus dem Boden ziehen. Die Pflanzen nur abzureißen, genügt nicht, aber selbst, wenn Sie nur das tun, wachsen sie nicht mehr so stark nach. Nutzpflanzen gewinnen mehr Raum und Nahrung. Die Nutzpflanzen bei der Arbeit nicht verletzen, weil sie sonst eingehen können!*

Was geschehen kann, wenn Sie eine ungünstige Zeit wählen: *Unerwünschte Pflanzen kommen schnell wieder nach und wachsen sogar noch intensiver. Diese Arbeit zum falschen Zeitpunkt weckt jeden schlummernden Unkrautsamen und macht Ihre Mühen schon nach kurzer Zeit zunichte. Wurzelteile bleiben im Boden und können neu austreiben, sie verzweigen sich und nehmen den Nutzpflanzen zu viel Raum und Nahrung.*

Ernten zur Lagerung

Ideal: Bei abnehmendem Mond in Widder, Löwe und Schütze.

Günstig: Bei abnehmendem Mond außer Krebs, Skorpion, Fische und Jungfrau.

Ungünstig: Bei zunehmendem Mond inklusive Vollmond und bei abnehmendem Mond in Krebs, Skorpion, Fische und Jungfrau.

Sehr ungünstig: Bei zunehmendem Mond inklusive Vollmond in Krebs, Fische und Jungfrau.

Vorteile der Wahl des richtigen Zeitpunkts: *Obst und Gemüse bleiben länger frisch und stehen besser im Saft. Der Saft bleibt beim Ernten erhalten und bringt beste Voraussetzungen für guten Geschmack und Haltbarkeit mit. Die Schale schließt das Obst sorgfältig ab, damit auch eine faule Frucht dazwischen nicht alles „ansteckt". Das gute Aroma bleibt längere Zeit erhalten. Schalen, äußere Blätter und Ähnliches schützen die Ernte vor dem Austrocknen. Es kommt seltener zu Druckstellen.*

Was geschehen kann, wenn Sie eine ungünstige Zeit wählen: *Fäulnisgefahr besteht, alles bekommt sofort oder relativ bald einen faden Geschmack. Die Lagerfähigkeit ist geringer. Einzelne faule oder beschädigte Früchte stecken alle anderen leichter an, ganze Lagerbestände können so vernichtet werden.*

Den Bauern in aller Welt ist zu verdanken, dass das Mondwissen im Laufe der Jahrhunderte nicht gänzlich dem Ansturm des modernen Denkens zum Opfer gefallen ist. Wo äußere Umstände – Unwegsamkeit, kleine Anbauflächen, Berglagen und Ähnliches – dazu zwangen, die Dinge weiterhin zum richtigen Zeitpunkt zu tun, konnte das Mondwissen teilweise überleben. Und es konnte natürlich auch dort überdauern, wo gesunder Menschenverstand und unsentimentale Naturverbundenheit vorherrschten.

Leider haben die Industrialisierung und das Prinzip „Quantität statt Qualität" viele Bauern in die Abhängigkeit geführt – und mit ihnen die Natur, die Böden, die Wälder. Die Rechtfertigung, man könne ohne industrielle Landwirtschaft, Pestizide und Chemiedünger die Menschheit nicht ernähren, ist schlicht eine unverschämte Lüge. Würde man zum Beispiel nur 10 Prozent weniger Fleisch produzieren, könnte man mit der gewonnenen Anbaufläche doppelt so viele Menschen ernähren wie derzeit auf der Erde leben.

Die Zerstörung der Natur, betrieben durch die seelenlose industrielle Landwirtschaft, wird enden müssen. Wenn wir nicht den Übergang vom Wachstum um jeden Preis zum echten Fortschritt schaffen, nämlich zur Bewahrung und Pflege unserer Welt, wird uns nichts von Termiten unterscheiden, die sich in der Sicherheit wiegen, dass es „immer so weitergeht".

Es ist alles eine Frage einer Kombination aus gutem Willen, Organisation und der Einsicht in die großen und kleinen Zusammenhänge in der Natur. Wir alle können aus dem Hamsterrad aussteigen, nicht von heute auf morgen. Geduld ist angesagt. Aber es ist machbar – mit einem viel geringeren Aufwand, mit weniger Stress und Anstrengung, als Sie jetzt vielleicht denken.

Zwar sind fortschrittliche Bio-Bauern, die sich vom Mond „beraten" lassen, noch in der Minderheit, aber es gibt deutliche Zeichen für die Wendung zum Guten. Sogar eine unserer „revolutionären" Ideen hat mittlerweile viele Anhänger gefunden, nämlich die, dass sich eine Handvoll Stadtbewohner zusammentun und „ihren" Bauern finden. Sie unterstützen ihn und erhalten im Gegenzug endlich echte Lebensmittel.

Nehmen Sie einfach einen Mondkalender zur Hand und machen Sie es wie es früher üblich war: Tragen Sie im Winter, wenn Sie mehr Zeit haben, alle wichtigen

Pflanztage des kommenden Jahres ein. Wir möchten eines noch einmal klarstellen: Sämtliche Chemikalien, die uns heute in der Landwirtschaft krank machen, Bauern wie Konsumenten, sind überflüssig und könnten durch natürliche Alternativen ersetzt werden, wenn man sich nur ein wenig mehr mit Zusammenhängen und den Einflüssen des Mondes befassen würde. Der erste Schritt zur Umstellung ist also die Aufklärung und der *Mut* zur Umstellung – und die innere Unabhängigkeit, den gedankenlosen Spott unaufgeklärter Kollegen mit Gleichmut zu ertragen.

Schreiben Sie uns (an vrz@aon.at), wenn Sie sich für eine Geschichte interessieren, die wir zum Thema Landwirtschaft geschrieben haben – „Die Geschichte vom Zehnten Bauern".

Es folgen einige Regeln, die besonders für die Landwirtschaft von Interesse sein werden.

Getreideanbau/Aussaat

Ideal: Bei zunehmendem Mond in Widder und Schütze.
Günstig: Bei zunehmendem Mond, mit Ausnahme von Zwillinge.
Ungünstig: Bei abnehmendem Mond inklusive Neumond.
Schlecht: Bei abnehmendem Mond inklusive Neumond in Zwillinge.

Getreide/Ernten und Einlagern

Ideal: Bei abnehmendem Mond im Tierkreiszeichen Widder.
Günstig: Bei abnehmendem Mond im Tierkreiszeichen Widder, Löwe und Schütze.
Ungünstig: Bei zunehmendem Mond und Vollmond.
Schlecht: Bei zunehmendem Mond und Vollmond im Tierkreiszeichen Krebs, Jungfrau und Fische.
Vorteile der Wahl des richtigen Zeitpunkts: *Das Getreide geht schneller auf. Auf die Erträge kann man sich verlassen, das Getreide ist gesünder und haltbarer. Die Anfälligkeit für Ungeziefer und Fäulnis ist geringer. Es ist auch wetterfester, trocknet bei längeren Trockenperioden nicht so schnell aus und verfault auch nicht gleich bei einer längeren Regenzeit.*
Was geschehen kann, wenn Sie eine ungünstige Zeit wählen: *Das Getreide ist empfindlicher und geht langsamer auf. Der Ertrag ist geringer und Krankheiten und Ungeziefer*

kommen häufiger vor. Die Widerstandskraft gegen extreme Wetterverhältnisse ist geringer. Auch die Lagerfähigkeit leidet.

Tipps und Tricks: Löwe ist zwar ein günstiger Zeitpunkt für den Getreideanbau, aber auf sehr trockenen Feldern besteht die Gefahr des Austrocknens. Löwe-Tage eignen sich gut als Sätage, wenn das Feld von vornherein sehr feucht ist. Das Tierkreiszeichen Widder ist der beste Zeitpunkt zum Einlagern von Getreide, im Herbst taucht es allerdings im zunehmenden Mond auf.

Das Ansetzen eines Heustocks sollte am besten bei abnehmendem Mond geschehen. Das Heu bleibt luftig und trocken, fault nicht und die Gefahr einer Selbstentzündung ist viel geringer. Bei zunehmendem Mond wird das Heu leicht grau und schimmelig. Auch die Lagerstreu für die Tiere sollte in der Zeit des abnehmenden Mondes eingefahren werden. Die gesündeste Unterlage für den Stall ist übrigens immer noch Stroh oder trockenes Buchenlaub.

Stallpflege

Ideal für die Großreinigung: Bei abnehmendem Mond in Krebs, Skorpion und Fische.

Günstig für Reinigung und Anstrich: Bei abnehmendem Mond und Neumond und im Tierkreiszeichen Zwillinge und Wassermann.

Ungünstig: Bei zunehmendem Mond und Vollmond.

Schlecht: Bei zunehmendem Mond und Vollmond im Tierkreiszeichen Jungfrau.

Vorteile der Wahl des richtigen Zeitpunkts: *Der Stall bleibt länger sauber. Bakterien vermehren sich langsamer und die Tiere sind weniger anfällig für Krankheiten. Nach den Reinigungsarbeiten trocknet alles schnell nach. Die Luft wird besser. Das Streichen der Stallwände sollte unbedingt bei abnehmendem Mond vorgenommen werden. An einem Lufttag (Zwillinge, Waage, Wassermann) gelingt die Arbeit besonders gut.*

Was geschehen kann, wenn Sie eine ungünstige Zeit wählen: *Der Stall bleibt länger nass und feucht. Schimmel kann sich an Wänden, Ecken und Böden sammeln. Die Tiere sind anfälliger für Krankheiten und alles wirkt verschmutzter. Ein übler Geruch verbreitet sich. Wird eine Großreinigung wiederholt am falschen Tag durchgeführt, kränkeln die Tiere öfters. Die tägliche Reinigung sollte an ungünstigen Tagen einfach etwas weniger intensiv durchgeführt werden.*

Bäume fällen – Holz ernten

Geheimnisse des besten Baumaterials der Welt

Die folgenden Regeln zum richtigen Zeitpunkt betreffen die Waldwirtschaft und Waldpflege – eine der wichtigsten Tätigkeitsfelder des Menschen in den kommenden Jahrzehnten und Jahrhunderten. Arbeiter im Kohlebergbau und auf Ölfeldern zu Waldpflegern umzuschulen, das wäre ein echter Fortschritt, für deren Gesundheit und für die Gesundung unseres kleinen Planeten! Nur eine einzige Regel beachten wäre schon der halbe Weg zum Erfolg, nämlich

Aufforsten: Ideal an Jungfrautagen: Diese Tage sind günstig sowohl fürs Pflanzen eines einzelnen Baumes bis hin zum Aufforsten ganzer Waldareale, etwa nach einem Sturmschaden. Nicht einmal ein Schutz gegen Wildverbiss wäre dann nötig.

Jahrtausendelang hat das Holz uns Menschen gedient und uns eine Vielzahl von wert- und kunstvollen Geschenken gemacht. Es ist, als ob Holz eine Form von nährender Kraft besitzt, die uns vor zahllosen negativen Umwelteinflüssen und Strahlungen schützen kann. Warum ersetzen wir seit einiger Zeit den wunderbaren Stoff Holz durch Kunststoffe, die uns krankmachen und die auch nach Jahrtausenden nicht in den Kreislauf der Natur zurückfinden? Die Wälder der Erde, die Quellen eines fast vergessenen Reichtums zu schützen und zu pflegen, ist eine der wichtigsten Aufgaben unserer Zeit.

Allein durch die Wahl des richtigen Zeitpunkts beim Holzfällen und bei der Umwandlung in Bauholz, Brücken, Dachstühle, Fenster, Möbel und Ähnlichem gewinnt das Holz eine Festigkeit und Beständigkeit, die es Generationen überdauern lässt – *ohne chemische Holzschutzmittel.* Wenn Sie einen Waldabschnitt oder auch nur eine kleine Allee neu aufforsten müssen, etwa nach Unwettern, Hagelschlag, Feuer, Lawinen oder Ähnlichem, achten Sie auf den Mondstand. Nutzen Sie auf jeden Fall das Tierkreiszeichen Jungfrau, gleichgültig in welcher Mondphase. Oder Sie wählen zumindest einen Tag im zunehmenden Mond. Legen Sie nie wieder eine Monokultur an. Setzen Sie Flachwurzler neben Tiefwurzler, Laubbäume neben Nadelbäume. Und bei trockenen Böden setzen Sie zuerst unverwüstliche Büsche, die jungen Baumsetzlingen Schatten spenden.

Achten Sie also auf den richtigen Zeitpunkt und Sie können so manches Wunder erleben. Probieren Sie alles nur Denkbare aus und machen Sie Ihre eigenen Erfahrungen. Letztlich zählen Ergebnisse und nicht das, was aus denkfauler Gewohnheit heraus „die Leute sagen".

Biologische Land- und Forstwirtschaft, in Harmonie mit den Mond- und Naturrhythmen und zur Freude und zum Nutzen aller Beteiligten – das wird die Zukunft sein. Vielleicht tragen Sie mit Ihrem Garten, Ihrer Landwirtschaft, zu diesem Wandel zum Guten bei? Wir würden uns freuen!

Wichtig: Alle Regeln zur Holzernte besitzen ihre Gültigkeit nur, wenn das Holz natürlich trocknen kann, d.h. im Freien und in der Regel für mindestens ein Jahr. Nur für die Beseitigung der Restfeuchte darf es danach kurz in die Trockenkammer.

Bäume fällen – Holz ernten: Grundregel

Ideal für fast alle Zwecke: Jedes Jahr der 21. Dezember. Der Tag gilt als der beste Holzschlagetag überhaupt.

Sehr günstig: Alljährlich die Tage zwischen dem 21.12. und 6.1. Nach dem 6. Januar sollte Holz im Winter nur noch bei abnehmendem Mond geschlagen werden.

Spezialregel: Holz, das schnell verbaut werden soll, etwa beim raschen Wiederaufbau nach einem Brand, sollte am 24. Juni zwischen 11 und 12 Uhr mittags (12 und 13 Uhr Sommerzeit!) geschlagen werden. Dieses Holz ist das einzige Holz, das grün und ohne Trocknung eingebaut werden kann. Für Holz mit speziellen Eigenschaften gelten weitere individuelle Regeln, von denen wir hier noch einige vorstellen.

Nicht faulendes, hartes Holz

Ideal: Am 30. und 31. März, wenn der Mond gerade abnimmt und gleichzeitig im Tierkreiszeichen Fische steht.

Günstig: 1. Januar * 7. Januar * 25. Januar * 31. Januar bis 2. Februar.

Tipps und Tricks: Auch für Landungsstege und hohe Pfahlbauten ist dieses Holz geeignet. Eine zeitliche Alternative sind warme Sommertage bei zunehmendem Mond: Das Holz eignet sich für Pfahlgründungen im Wasser, für Schiffs- und Badestege. Es steht voll im Saft und sollte gleich eingebaut werden.

Feuerfestes Holz

Ideal: Am 1. März nach Sonnenuntergang.

Günstig: Neumond in Waage (meist Oktober), sowie ein Tag vor dem Neumond im Dezember und zwei Tage vor dem Neumond im März.

Schwundfestes Holz

Ideal: Am 21. Dezember.

Günstig: Im Februar bei abnehmendem Mond nach Sonnenuntergang, am 27. September und generell während der drei Tage nach Neumond. Am 15. August und am 8. September, wenn gleichzeitig Mond in Krebs. Ebenso an Neumond, wenn er gleichzeitig in Waage steht.

Werkzeug- und Möbelholz

Ideal: Während der acht Tage nach dem Neumond im Dezember, wenn der Mond gleichzeitig in Waage, Löwe oder Jungfrau steht.

Günstig: Neumond, wenn der Mond gleichzeitig in Skorpion steht (November).

Tipps und Tricks: Bei Skorpion geschlagenes Holz sollte stets sofort entrindet werden, weil es sonst schnell vom Borkenkäfer befallen wird. Wer ansonsten auf den richtigen Zeitpunkt des Holzschlagens achtet, muss nicht unbedingt sofort entrinden, weil der Käferbefall viel geringer ausfallen wird oder ganz ausbleibt (selbst wenn in unmittelbarer Nähe befallene Stämme lagern!) Entrinden hat nämlich den Nachteil, dass das Holz bei längerer Sonnenbestrahlung feine Risse bekommt, die es für bestimmte Zwecke unbrauchbar macht.

Bretter-, Säge- und Bauholz

Ideal: Bei zunehmendem Mond im Tierkreiszeichen Fische.

Vorteile der Wahl des richtigen Zeitpunkts: *Die Bretter werden nicht von Schädlingen befallen. Sie müssen auch nicht ständig bewässert werden. Das Holz wird stabil und unempfindlich und ist leicht zu verarbeiten. Mit dem Alter wird es immer schöner.*

Was geschehen kann, wenn Sie eine ungünstige Zeit wählen: *Der spätere Befall mit Ungeziefer, Schimmel und Pilzen ist erheblich. Bretter und Balken bleiben trotz des Hobelns* *grob und faserig. Auch große Balken reißen und verziehen sich. In Billig-Baumärkten ist fast ausschließlich diese Art von Holz zu finden. Was anfangs gerade erscheint, wird sich nach kurzer Zeit stark verbiegen.*

Boden- und Werkzeugholz

Ideal: Bei zunehmendem Mond in Skorpion (August) und am ersten Tag nach Vollmond, wenn gleichzeitig Mond in Stier.

Vorteile der Wahl des richtigen Zeitpunkts: *Das Werkzeug liegt gut in der Hand und Sie bekommen nicht so schnell Blasen. Das Holz wird glatt, leicht und stabil und es gibt kein Reißen oder Splittern. Besonders Hammergriffe müssen starke Schläge aushalten können. (Bei Skorpion gewonnen muss der Baum wegen der Borkenkäfergefahr sofort entrindet werden!)*

Was geschehen kann, wenn Sie eine ungünstige Zeit wählen: *Das Holz wird rissig und schwer. An den Händen entstehen viel eher Blasen und bei starker Belastung brechen die Hölzer.*

Brennholz

Ideal: Die ersten sieben Tage nach Neumond im Oktober oder generell nach der Wintersonnenwende bei abnehmendem Mond. Der Wipfel muss bergab liegen.

Vorteile der Wahl des richtigen Zeitpunkts: *Das Holz brennt nicht nur gut, sondern auch lange. Brennholz muss gut trocknen und viel Energie abgeben. Das Holz eignet sich auch zum Anzünden und erlischt nicht gleich wieder. Es kommt zu keinem Funkenflug, nur zu einem romantischen Knistern.*

Was geschehen kann, wenn Sie eine ungünstige Zeit wählen: *Das Holz bleibt schwer und feucht. Es eignet sich nicht zum Anheizen und erlischt ständig. Nur bei größter Hitze verbrennt es, dann aber schnell und ohne die gewünschte anhaltende Wärme zu erzeugen. Auch Funkenflug kann zum Problem werden.*

Christbäume ernten – das Weihnachtsgeschenk des Mondes

Ideal: Drei Tage vor dem elften Vollmond im Jahr.

Günstig: Bei zunehmendem Mond; je näher an Vollmond, desto besser.

Ungünstig: Generell bei abnehmendem Mond.

Vorteile der Wahl des richtigen Zeitpunkts: *Sie bekommen ein robustes Bäumchen, das seine Nadeln lange behalten wird. Der Baum muss nicht gewässert, sondern nur bis Weihnachten kühl gehalten werden. Gestecke aus zum richtigen Zeitpunkt geschnittenen Ästen halten teilweise Jahre, ja Jahrzehnte lang.*

Was geschehen kann, wenn Sie eine ungünstige Zeit wählen: *Dann kann es sein, dass schon am Weihnachtstag viele Nadeln unter dem Baum liegen. Bei jeder Berührung regnen viele weitere Nadeln herab und manchmal ist der Baum schon am Dreikönigstag unansehnlich geworden.*

Tipps und Tricks: Der elfte Vollmond im Jahr tritt meist schon mehrere Wochen vor Weihnachten ein. Die Regel ist unserer Erfahrung nach jedoch auch für den zwölften Vollmond im Jahr gültig. Die alte Regel entstand wohl, weil die Schneehöhen früher um den zwölften Vollmond herum viel höher waren als um den Elften. Wir empfehlen in unseren Kalendern immer auch die Tage vor dem zwölften Vollmond. Diese Zeiten eignen sich nicht nur für Christbäume, sondern auch für Gestecke und Zweige, die dann besonders lange schön bleiben und weder spröde noch brüchig werden.

Lagern Sie die Bäume bitte kühl und dunkel (ständiger Schatten genügt) oder ganz im Freien. In unserer Familie gibt es einen Christbaum, der seit nunmehr fast 50 Jahren jedes Jahr hervorgeholt wird. Seine Nadeln sind nur schwer abzuzupfen und er duftet sogar heute noch.

Der Mondkalender – das einzige Werkzeug

Wenn Sie Essenz und Grundregeln im Bereich Gartenbau, Land- und Forstwirtschaft neugierig gemacht haben auf vollständige und ausführliche Informationen zu diesen Themen – unsere Bücher „Vom richtigen Zeitpunkt" und „Der lebendige Garten" lassen keine Wünsche offen.

← Zur Leseprobe

3

Den Fluss wiederherstellen

Gesundheit und Heilen zum richtigen Zeitpunkt

» Es ist so angenehm, zugleich die Natur und sich selbst zu erforschen, weder ihr noch dem eigenen Geist Gewalt anzutun, sondern beide in sanfter Wechselwirkung miteinander ins Gleichgewicht zu bringen. «

(GOETHE)

Vorbeugen und Heilen in Harmonie mit Mondphase und Mondstand im Tierkreis – das Wissen darum neu zu beleben, gehört zur Essenz unserer Arbeit. Unsere heilkundigen Vorfahren haben vor Jahrtausenden schon erkannt, welch große Rolle der richtige Zeitpunkt beim Heilungserfolg spielt. Sie wussten zum Beispiel, dass die Heilkraft von Kräutern, Wurzeln, Früchten und Samen ungleichmäßig in einer Pflanze verteilt ist und dass sie wesentlich auch abhängig vom *Zeitpunkt des Sammelns* und vom Zeitpunkt ihrer Anwendung ist. Besonders heilkundige Frauen waren es, die das Wissen darum pflegten, anwendeten und weitergaben. Dass gerade sie in den dunklen Zeiten unserer Vergangenheit besonderer Verfolgung ausgesetzt waren, ist kein Ruhmesblatt in der Geschichte. Diese Zeiten sind noch nicht vorbei, denn heute bemüht sich die pharmazeutische Industrie mit anderen Methoden, altes Volkswissen und die Kräuterkunde in die Bedeutungslosigkeit abzudrängen.

Doch wir sind auf einem guten Weg in Richtung mehr Natur und Selbstverantwortung. Einen weiteren Anstoß kann Ihnen vielleicht das Folgende geben, über das Sie ein wenig nachdenken und meditieren sollten.

Stellen Sie sich vor: Eine größere Familie bewohnt ein Einfamilienhaus. Sie hat sich entschieden, in ihrem Garten eine kleine Fläche von etwa drei mal drei Metern in Ruhe zu lassen – eine kleine, schöne Wildnis entsteht im Laufe der Zeit, ein Mikro-Dschungel voller wilder Blumen, Gräser, Kraut und Unkraut …

Und jetzt stellen Sie sich vor, diese Familie zieht aus und eine neue Familie zieht ein. Die neuen Bewohner finden die Idee mit dem Mini-Dschungel irgendwie schön und lassen ihn, wie er ist. Sie mähen nur ein paar Mal im Jahr, sie pflanzen nichts an, sie „pflegen" ihre Pflanzen nicht. Statt Gartenkultur ein kleines Kräuter- und Blumendurcheinander. Was geschieht nun, nach dem Einzug der neuen Familie? *Die Zusammensetzung der Pflanzenfamilie ändert sich nach kurzer Zeit wie von Zauberhand.* Es siedeln sich nämlich genau jene Kräuter an, die die neue Familie für ihr Gesundbleiben und -werden braucht: Löwenzahn, Brennnesseln, Schöllkraut, Gänseblümchen und so weiter – ein Pflanzenmix, so spezifisch auf die neue Familie zugeschnitten, wie es die vorherige Kombination von Pflanzen auf die Vorbesitzer war.

Was also ist geschehen? Die Natur hat auf die Familie geantwortet. Sie schickt genau jene Pflanzen, die für diese Familie gedacht sind und zeigt dadurch oft bis dahin noch unerkannte Krankheiten oder Schwächen auf. Denken Sie in Ruhe über diese Tatsache nach. Was ist hier passiert? Welche Sprache spricht die Natur?

Die gute Nachricht ist: Wir alle werden eines Tages zu der Erkenntnis gelangen, dass gesund sein und gesund bleiben fast ausschließlich in der eigenen Verantwortung liegen. Was würden Sie sagen, wenn wir Ihnen, ja, fast *versprechen* können, dass auch Sie zu jeder Zeit, in jedem Alter Gesundheit, Beweglichkeit und Fitness erlangen können? Oder dass Sie sich diese bis ins hohe Alter bewahren können? Und das ganz ohne freudlose Selbstdisziplin, ohne den Körper attackierende Diäten und ohne ein harsches Dauer-Fitnessprogramm, ganz im Gegenteil: mit der Freude, zu fast jedem Zeitpunkt die Veränderung zum Guten, den Erfolg und die Gültigkeit des eingeschlagenen Weges erfahren zu können. Wäre das nicht einen Versuch wert?

Unser Wissen eignet sich natürlich nicht als Allheilmittel. Die Einflüsse der Mondrhythmen zu kennen, löst nicht alle Probleme. Aber wir können Hinweisschilder aufstellen, die Ihnen aus der Sackgasse heraushelfen.

Wir alle müssen unsere Alltagsgewohnheiten überdenken, wenn wir etwas zum Guten ändern wollen. Viele davon halten wir für „eiserne Regeln" und „sinnvolle Tradition", sodass wir nur selten bereit sind, zu erkennen, dass einer alten Gewohnheit zu folgen keine Garantie für vernünftiges und gesundes Handeln ist. Besinnen Sie sich auf die wichtigen Dinge des Lebens und achten Sie auf Ihren Körper. Die Natur hält so viel Gutes und Nützliches bereit, dass wir aus dem Vollen schöpfen können – nur müssen wir lernen, diese Wunder zu erkennen. Nach den Rhythmen der Natur zu leben, ist ganz leicht. Eine Einführung, eine Verschnaufpause, eine Einsicht, und Sie können heute noch damit anfangen. Morgen sieht die Welt dann schon anders aus. Vertrauen Sie Ihrem Gespür und machen Sie kleine Schritte – zum großen Erfolg.

Unsere Arbeit soll immer auch ein Leitfaden zur unabhängigen Denkweise und zur Eigenverantwortung sein. Nehmen Sie ärztliche Hilfe an, aber schieben Sie die Verantwortung nicht auf den Arzt. Wenn Sie sich falsch ernähren, werden *Sie* krank, nicht er. Wenn Sie falsche Entscheidungen treffen, bekommen *Sie* das Ergebnis zu spüren, nicht derjenige, der Sie falsch informiert hat.

Zu helfen, Ihr eigener bester Arzt zu werden, auch das gehört zur Essenz unserer Arbeit. Eine Säule bildet dabei der Umgang mit Heilkräutern.

Eine kleine Kräuterkunde

Die allermeisten Kräuter helfen in ihren Teilen oder als Ganzes bei mehreren verschiedenen Störungen, umgekehrt gibt es bei einer bestimmten Krankheit eine Vielfalt von Kräutern, die als linderndes und heilendes Mittel infrage kommen. Es gibt zum Thema hervorragende Kräuterbücher (beispielsweise von Pfarrer Künzle), denen nur wenig hinzuzufügen ist. Was noch fehlt, nämlich die „Kunst des richtigen Zeitpunkts" im Umgang mit Kräutern, das erfahren Sie in diesem Kapitel. Wer also in seiner Küche weise mit Kräutern umgeht, der tut nicht nur viel, um den Geschmack der Speisen zu verbessern, sondern beugt auch vielen Krankheiten vor.

Regeln für das Sammeln von Kräutern

Die Heilkraft der Kräuter ist nicht gleichmäßig über die ganze Pflanze verteilt. Manche Sammelzeiten sind eher ungünstig, weil sich der Wirkstoff gerade im blühenden Kraut befindet, Sie aber für die Anwendung die Wurzel brauchen. Es kann auch passieren, dass Sie gerade Blüten oder Blätter ernten, während der Heilsaft in der Wurzel neue Kräfte sammelt. Oft findet man in der Gebrauchsanweisung von Naturprodukten den Hinweis, dass unterschiedliche Färbung und Trübung normale Erscheinungen seien. Man erkennt daran, dass die Ernten nicht immer gleich ausfallen.

> Ärzte heilen Krankheiten. Große Ärzte heilen noch nicht ausgebrochene Krankheiten. Die besten Ärzte verhindern Krankheiten.
>
> (CHINESISCHE WEISHEIT)

Bei der Wahl des richtigen Sammelzeitpunkts sollten auch immer Ihr persönliches Gefühl und die Beobachtung des Wetters stehen. Zum Pflücken von Blüten sind Blütentage zwar generell gut geeignet, wenn jedoch gerade die Sonne nicht scheint und kalte Witterung herrscht, dann sollte man lieber noch abwarten.

Die beste Jahreszeit: Als grobe Richtlinie für die beste Jahreszeit des Sammelns gilt: Im Frühling, wenn die Pflanze noch jung ist, besitzt sie die größte Heilkraft. Die Inhaltsstoffe lösen sich bei der jungen Pflanze leicht, bei älteren Pflanzen oft gar nicht mehr (etwa Kieselsäure). Sie bleibt unwirksam. Das gilt besonders für grüne

Pflanzen und deren Blätter. Früchte erntet man generell, wenn sie reif sind, also meist vom Sommer bis in den Spätherbst.

Die beste Tageszeit: *Wurzeln* morgens und abends. *Blätter* am Vormittag, wenn der Tau getrocknet ist. *Blüten* bei Sonnenschein. Sie müssen sich voll entfaltet haben und nicht kurz vor dem Verblühen stehen, sonst ist ihre Heilkraft viel geringer. *Samen und Früchte* können ganztags gesammelt werden, weil sie nicht so empfindlich sind wie andere Pflanzenteile, jedoch sollte man die größte Mittagshitze meiden.

Der Mondstand im Tierkreis: Er spielt beim Sammeln und Anwenden von Heilkräutern eine große Rolle. Regel: *Ein Heilkraut, gesammelt zur Heilung oder Kräftigung jener Körperregion, die von dem Tierkreiszeichen des Erntetags regiert wird, hilft besonders gut.*

An Jungfrautagen gesammelte Kräuter helfen beispielsweise besonders gegen Verdauungsbeschwerden. Aus an Fischetagen gesammelten Heilkräutern ließe sich eine hervorragende Fußsalbe herstellen (siehe Tabelle Seite 45/46).

Bedenken Sie jedoch stets, dass beim Sammeln trockenes Wetter herrschen soll. Bei langwierigen, chronischen Krankheiten lohnt es sich besonders, auf den richtigen Sammelzeitpunkt zu achten.

Die einzelnen Pflanzenteile: Auf den richtigen Zeitpunkt beim Sammeln unterschiedlicher Pflanzenteile zu achten ist notwendig, wenn man optimale Resultate erzielen will.

Früchte und Samen: Sie sollten beim Sammeln reif sein, also weder grün noch matschig weich. Fast immer ist das erst im Sommer oder im Herbst der Fall. Trockenes Wetter ist noch wichtiger als die Tageszeit, nur sollte man der größten Mittagshitze aus dem Weg gehen. Bei zunehmendem Mond geerntete Früchte und Samen sind nur für die sofortige Anwendung geeignet. Zum Lagern und Haltbarmachen ist hier die Zeit zwischen Schütze und Zwillinge geeignet. Gute Erntetage sind die Fruchttage (Widder, Löwe, Schütze). Am ungünstigsten zum Sammeln von Früchten sind Steinbock, Fische, Krebs und Jungfrau.

Wurzeln: Der richtige Zeitpunkt zum Ausgraben von Wurzeln ist das zeitige Frühjahr, wenn das volle Wachstum der Pflanze noch nicht begonnen, oder der Herbst, wenn sie schon wieder eingezogen hat; der Saft ist dann wieder abgestiegen. Wurzeln sollten immer bei Vollmond oder abnehmendem Mond ausgegraben werden, sie haben dann mehr Kraft. Sie dürfen nicht dem Sonnenlicht ausgesetzt werden, deshalb sind die Nachtstunden – vor Sonnenaufgang oder am späten Abend – am besten geeignet. Auch die Wurzeltage Stier, Steinbock, Jungfrau sind als Sammelzeit geeignet, Stier jedoch nicht ganz so gut wie die beiden anderen. Am ungünstigsten sind Blütentage.

Blüten: Meist sind Frühjahr und Sommer der günstigste Sammelzeitpunkt, wenn die Pflanze in voller Blüte steht, besonders dabei die Mittagszeit. Die Sonne sollte scheinen, zumindest sollte es sehr warm sein, damit die Blüte geöffnet ist und die Heilstoffe in die Blüten gewandert sind. Verblühte Pflanzen eignen sich nicht sonderlich gut. Das Sammeln von Blüten sollte bei zunehmendem Mond bis Vollmond erfolgen. Alternativ zwischen Schütze und Zwillinge, wenn das Wetter ein Ernten bei zunehmendem Mond verhinderte. Blütentage (Zwillinge, Waage, Wassermann) sind am geeignetsten. Wird für den Wintervorrat gesammelt, eignet sich auch der abnehmende Mond, weil die Blüten dann sicherer trocknen.

Blätter: Sie können fast das ganze Jahr über gesammelt werden, vorausgesetzt, es handelt sich um junge Pflanzen. Stehen sie schon lange im Saft, blühen sie schon oder wurden sie zwischendurch nicht abgemäht, sind sie für Heilzwecke eher ungeeignet. Es ist nicht nötig, dass beim Pflücken die Sonne scheint, doch der Morgentau sollte schon verdunstet sein, also am besten am Vormittag. Blätter sollten bei zunehmendem Mond, zwischen Neumond und Vollmond, gesammelt werden, als Alternative von Schütze bis Zwillinge oder an Blatttagen (Krebs, Skorpion, Fische).

An Skorpion gesammelte Kräuter besitzen stets eine besondere Heilkraft! Sie eignen sich zudem hervorragend zum Trocknen, Haltbarmachen und Lagern. Bei Krebs und Fische gesammelte Blätter sollten besser sofort verwendet werden. Die besondere Ausnahme ist die Brennnessel. Sie ist ein hervorragendes Blutreinigungsmittel. Sie sollte zu Vorratszwecken bei abnehmendem Mond gesammelt, ein Brennnesseltee auch nur bei abnehmendem Mond getrunken werden.

Ein Wort zum Thema Vollmond: Der Vollmondtag ist für fast alle Kräuter und ihre Teile ein hervorragender Sammelzeitpunkt. Gerade Wurzeln sind, bei Vollmond oder abnehmendem Mond gesammelt, heilkräftiger als zu anderen Zeiten. Zur Vollmondzeit herrschen nachts im Wald und an den Sammelstellen halbwegs ausreichende Lichtverhältnisse, um ein Kraut zu identifizieren, während man bei

Neumond nicht die Hand vor Augen sieht. Früher gab es keine Taschenlampen, und es wäre niemand auf die Idee gekommen, mit einer Fackel in den Wald zu gehen, erst recht nicht heilkundige Menschen.

Aufbewahrung von Heilkräutern

Zum Trocknen gehören die Pflanzen an einen schattigen Ort und sollten öfters gewendet werden. Natürliches, luftdurchlässiges Material ist als Unterlage geeignet (ideal wäre ein Holzrost, aber auch Papier erfüllt die Aufgabe). Niemals jedoch sollte man Kräuter auf irgendwelchen Folien trocknen! Manche schnell trocknende Kräuter, wie etwa Thymian, können auch wie ein Blumenstrauß gebunden und kopfüber aufgehängt werden. Vergessen Sie nicht, dass man nie zu viel sammeln sollte. Maß, Verstand und Gefühl sollten den Ausschlag für die Menge geben.

Der richtige Zeitpunkt des Lagerns und Abfüllens in Gläser oder Kartons ist der abnehmende Mond, unabhängig vom Erntetermin. Nie bei zunehmendem Mond Gefäße füllen, weil sonst die Gefahr von Fäulnis oder Schimmel besteht.

Dunkle Gläser und Papiertüten sind als Lagergefäße am besten geeignet. Die Pflanzen bleiben schön trocken, das Aroma hält sich lange, die Inhaltsstoffe bleiben erhalten. Helligkeit würde sich ungünstig auswirken.

Pflanzen besitzen unterschiedliche Trockenzeiten. Sie sollten darauf achten, dass bei zunehmendem Mond geerntete Kräuter beim Trockenvorgang unbedingt etwas abnehmenden Mond erhalten.

Nicht bei allen Kräutern ist es erforderlich, einzelne Pflanzenteile zu trocknen. Bei vielen Heil- und Küchenkräutern (etwa Majoran, Thymian und Liebstöckel) genügt es, wenn die ganze Pflanze wie ein Blumenstrauß zusammengebunden kopfunter an einen luftigen Ort gehängt wird, bis sie getrocknet ist. Anschließend kann sie auf übliche Weise abgefüllt werden. Die Methode ist platzsparend, bietet einen schönen Anblick und das Aroma der trocknenden Pflanzen sorgt für ein angenehmes Raumklima. Schnell trocknende Kräuter sind dazu am besten geeignet, weil das Zusammenbinden keine Fäulnisgefahr heraufbeschwört.

Sie werden nach alledem vielleicht einwenden, dass nicht jeder zum Kräutersammeln in die freie Natur spazieren kann oder einen Kräutergarten sein Eigen nennt.

Auch die Pflanzen aus der Apotheke oder aus dem Kräuterladen besitzen ihren Wert und helfen oft recht gut, das sollte betont werden. Nur bei chronischen, nicht heilenden Krankheiten ist der richtige Sammelzeitpunkt von ganz besonderer Bedeutung und sollte unbedingt Beachtung finden.

Zubereitung und Anwendung

Oft haben Heilkräuter, roh oder gekocht gegessen, als Gemüse (Salbei, Holunderblüten), Salat (Brunnenkresse, junger Löwenzahn) oder Spinat (Brennnesseln, Bärlauch), die beste Wirkung. Es gibt aber noch viele weitere, ebenso wirksame Zubereitungs- und Anwendungsarten, von denen hier einige besprochen sind:

Tee und Aufguss: Eine der häufigsten Anwendungsarten. Sie ist vor allem für junge Kräuter geeignet, die ätherische Öle enthalten. Bei längerem Kochen würden sie sich verflüchtigen. Als Maßeinheit nimmt man mit drei Fingern von den getrockneten oder frischen Kräutern, übergießt sie in einer Tasse mit kochendem Wasser, lässt sie etwa sieben Minuten lang zugedeckt ziehen und seiht dann ab. Als Faustregel gilt, dass der Tee fertig ist, wenn die Kräuter zu Boden gesunken sind. Manche sehr ölhaltige Kräuter (u.a. Thymian) sinken jedoch auch nach Stunden noch nicht, zehn bis fünfzehn Minuten sind dann ausreichend. Der Tee sollte alsbald getrunken werden, damit er nicht unnötig Heilstoffe verliert. *Brennnesseln für einen Entschlackungstee bilden die Ausnahme: Bitte nicht länger als eine Minute ziehen lassen und immer frisch trinken!*
Kaltauszug: Manche Kräuter vertragen weder Überbrühen noch Kochen. Solche Kräuter gibt man in kaltes Wasser und lässt sie über Nacht stehen. Zusätzlich kann man noch am nächsten Tag die abgeseihten Kräuter mit gekochtem Wasser überbrühen (nicht die gewonnene Flüssigkeit des Kaltauszugs!). So gewinnt man auch noch die restlichen Heilstoffe. In diesem Fall sind drei Minuten genug.
Rohsäfte: Manche Kräuter eignen sich gut zum Auspressen. Die gewonnenen Rohsäfte sind jedoch nicht haltbar und sollten gleich verwendet werden (je nach Kraut als Getränk oder etwa als Umschlag).
Salben und Pflanzenmischungen: Pflanzen oder Pflanzenauszüge können auch mit weichen Fettstoffen zu Salben und Pflastermischungen verrieben oder ver-

kocht werden. Das Fett sollte bei niedrigen Temperaturen verwendet werden. Dabei den Jungfrautagen aus dem Weg gehen, weil es dann leicht schimmelt und nicht so haltbar ist. Wichtig ist, dass diese Arbeit mit Geduld und Liebe gemacht wird, niemals unter Zeitdruck. Nur so entwickelt sich das gute Gefühl bei der Fertigstellung und für die Mengenverhältnisse von Kräutern und Fett. Arbeiten Sie stets mit emaillierten Töpfen und Holzlöffeln zum Umrühren.

Der rechte Zeitpunkt für die Salbenherstellung sind alle Tage zwischen Schütze und Zwillinge. Sind Sie aus Zeitgründen zu einem anderen Termin gezwungen, sollten Sie zumindest Krebs und Jungfrau meiden.

Ebenfalls eine gute Zeit zur Salbenherstellung ist der Vollmond. Die Pflanzen besitzen an Vollmond-Tagen den höchsten Gehalt an Heilstoffen und nach dem 24-stündigen Stehen fällt das Einfüllen in Gläser in den abnehmenden Mond, was lange Haltbarkeit verspricht.

Kräuterkissen: Eine hervorragende Sache sind Kräuterkissen. Bitte verwenden Sie dazu keine geschützten Pflanzen. Die Kräuter sollten bei zunehmendem Mond gepflückt und bei abnehmendem Mond in Kissen aus dichtem, natürlichem Material (z. B. Leinen) gefüllt und fest zugenäht werden. An Blütentagen gesammelt, wird Sie der Duft lange Zeit erfreuen. Die Wahl der Kräuter hängt davon ab, was das Kissen bewirken soll. Meistens soll es beruhigen und ein angenehmes Aroma abgeben. Auch gekaufte Kräuter sollten bei abnehmendem Mond verarbeitet werden.

Ein Rezept für die Blutreinigung: Eine Blutreinigungskur mit Brennnesseln bis zum Abklingen der Störung kann sehr viel Gutes tun. Auch jedem gesunden Menschen wird eine Frühjahrskur die Frühjahrsmüdigkeit aus den Gliedern treiben. Die Kur regt Blase und Nieren an, fördert die Tätigkeit aller Verdauungsorgane und gibt dem Körper eine Vielzahl von Mineralstoffen und Vitaminen.

Trinken Sie ab Vollmond für 14 Tage (wenn möglich nachmittags zwischen 15 und 19 Uhr) so viel Brennnesseltee wie möglich – etwa zwei Liter. Rechnen Sie für diese Teemenge zwei gehäufte Esslöffel getrocknete Kräuter und lassen Sie sie *nur eine Minute* lang ziehen! Wenn Sie frische Brennnesseln verwenden, dann nehmen Sie zwei Handvoll Blätter. Dann pausieren Sie 14 Tage und wiederholen beim nächsten abnehmenden Mond die Kur, bis sich das Leiden gebessert hat oder verschwunden ist. Als Kur für gesunde Menschen sind zweimal 14 Tage bei abnehmendem Mond vollkommen ausreichend.

Die Brennnesseln sammeln Sie, solange die Pflanzen noch jung sind und dann auch nur die obersten Triebe. Natürlich sind im Frühjahr frische Brennnesseln den getrockneten vorzuziehen.

Sollte der Mond gerade in einem Erdzeichen stehen (Jungfrau, Stier, Steinbock), sammeln Sie etwas mehr als für die tägliche Anwendung nötig und trocknen die Blätter für den Winter. Eine richtige Blutreinigungskur brauchen Sie jedoch im Winter nicht durchzuführen. Ein Brennnesseltee ab und zu nach einem schweren Essen ist dagegen eine gute Sache, etwa in der kalorienreichen Weihnachtszeit. Erdtage eignen sich generell besonders gut, um etwas für Ihr Blut zu tun.

Zum Wohlfühlgewicht mit der „Mondkur“

„Wie kann ich abnehmen, ohne viel Aufwand betreiben zu müssen oder meinen Lebensstil radikal umzustellen?“ – diese Frage steht in den Charts der beliebtesten Anfragen an uns immer ganz oben. Selbstverständlich haben auch wir kein Allheilmittel anzubieten, aber wir wissen, was funktioniert – und zwar auf Dauer und ohne Jo-Jo-Effekt. Man muss nur die wahren Ursachen erkennen und angehen. Geduld – das ist die einzige, aber notwendige Investition für eine erfolgreiche Mondkur. Sie können mit etwa fünf Kilo Gewichtsreduktion innerhalb von vier bis sechs Monaten rechnen. Sie lernen also eine der einfachsten, erfolgreichsten und preiswertesten Methoden kennen, um Ihr Körpergewicht zu senken und zu halten. So funktioniert die Mondkur:

Tipps und Tricks: Fleisch und Milchprodukte sind für eine gesunde Ernährung nicht notwendig, auch wenn es uns immer wieder eingeredet wird. Die guten Dinge aus dem Pflanzenreich liefern hochwertigstes Eiweiß und alle lebensnotwendigen Stoffe. Ein Umstieg auf menschenwürdige Nahrung würde zudem den Hunger auf der Welt beenden.

Versuchen Sie zumindest zweimal im Jahr genau eine Woche lang – am besten bei abnehmendem Mond – auf jegliches tierisches Eiweiß (Fleisch, Fisch, Milchproduk-

Mondphase	Und so sollten Sie sich in dieser Phase ernähren
Vollmond	Essen Sie schon zwei, drei Tage vorher möglichst wenig und beginnen Sie mit einem Vollmondtee (Seite 43). Essen Sie nach 18 Uhr nichts mehr. Fasten Sie am Vollmondtag, wenn es ohne Kreislaufprobleme möglich ist, und trinken Sie an diesem Tag Wasser oder die Farbensuppe nach dem Rezept aus unserem Buch „Das Tiroler Zahlenrad“ (siehe auch Seite 152).
Abnehmender Mond	Halten Sie die Regeln der Trennkost ein (Eiweiß und Kohlenhydrate nicht gleichzeitig zu sich nehmen). Trinken Sie am besten Entschlackungstee oder Abnehmender-Mond-Tee (Seite 43). Essen Sie nach 17 Uhr nichts mehr.
Neumond	Essen Sie schon zwei, drei Tage vorher möglichst wenig und trinken Sie vielleicht entschlackenden Kräutertee. Fasten Sie am Neumondtag, wenn es ohne Kreislaufprobleme möglich ist, und trinken Sie an diesem Tag mehr als 2 Liter Wasser.
Zunehmender Mond	Bei zunehmendem Mond: Essen Sie insgesamt weniger und achten Sie ab und zu auf die Regeln der Trennkost. Essen Sie nach 18 Uhr nichts mehr. Trinken Sie täglich genug, besonders zwischen 15 und 19 Uhr, danach nur noch, wenn Sie Durst haben.

te, Eier) zu verzichten. Dies ist eine der sinnvollsten Maßnahmen für das Wohlergehen, wie Sie recht bald herausfinden werden. Wir zeigen Ihnen, welche köstlichen Gerichte man auf Basis dieser natürlichsten Ernährungsweise zubereiten kann[4].

Legen Sie das Hauptgewicht Ihrer täglichen Ernährung auf Bio-Produkte. Deren vielleicht höherer Preis sollte Sie nicht schrecken, denn von den guten Sachen braucht Ihr Körper nur noch die Hälfte der gewohnten Mengen. Dieser kleine, persönliche Schritt wäre gleichzeitig ein Riesenschritt in Richtung einer sinnvollen Gesundheitsvorsorge und eines Umweltschutzes, der Wirkung zeigt.

Sie essen meist nichts zum Frühstück? Völlig in Ordnung! Lassen Sie sich von niemandem einreden, eine „ausgewogene Morgenmahlzeit" sei unentbehrlich und nicht zu frühstücken sei ungesund! Ihr persönliches Gespür zählt.

Entdecken Sie Ihren persönlichen Ernährungstyp (siehe Seite 59 ff.) – eine Information von unschätzbarem Wert für Ihre Gesundheit. Wichtig: Wenn Sie nach dem Essen immer müde sind, scheinen Sie entweder regelmäßig etwas zu essen, das Sie nicht vertragen, oder sie essen regelmäßig zu viel. Dass Sie es „nicht vertragen" bedeutet nicht, dass Sie sofort Probleme bekommen müssen. Etwas nicht zu vertragen bedeutet, unter folgenden Symptomen zu leiden: Müdigkeit, Gewichtszunahme, Lustlosigkeit, Allergien, Juckreiz, Gereiztheit und so weiter. Fast immer spürt man es erst zeitversetzt, wenn man etwas nicht verträgt. Ein chronischer Morgenmuffel ist oftmals „nur" das Opfer seiner Essgewohnheiten vom Vortag.

Fasten – Urlaub für den Körper

Günstig: Generell einen Tag vor Vollmond und drei Tage vor Neumond sowie an allen Jungfrau-Tagen.

Vorteile der Wahl des richtigen Zeitpunkts: *Das Fasten fällt leichter. Vor allen Dingen stellt sich das gute Gefühl der Schwerelosigkeit und des Kraftgewinns so schneller ein. An Vollmond entgiftet man zwar nicht spontan, dafür setzt der Körper aber auch nichts an, wenn man fastet. An Neumond entgiftet der Körper vor allem alte, schon „festsitzende" Gifte und Fette.*

Was geschehen kann, wenn Sie eine ungünstige Zeit wählen: *Das Fasten fällt schwerer und vor allem: Man spürt hinterher kaum einen Effekt. Das kann frustrierend wirken und die Freude an der „guten Tat" verleiden. Manche bekommen sogar Schwindelanfälle oder frieren leicht, manche sind den ganzen Tag über unzufrieden und meckern an allem herum. Wird eine Fastenkur zum ungünstigen Zeitpunkt abgehalten, kommt es immer wieder zum Jo-Jo-Effekt. Der Fairness halber muss aber gesagt werden, dass Fasten immer eine positive Wirkung hat, selbst wenn man diese nicht unmittelbar spürt.*

> Eure Nahrung soll euch Medizin sein.
> (HIPPOKRATES)

Tipps und Tricks: Fasten bedeutet nicht nur, dass die „Pfunde schmelzen". Wir tragen viele giftige Stoffe mit uns herum, die nur durch das Beachten des richtigen Zeitpunkts beim Fasten oder Entgiften beseitigt werden können. Sie im Körper zu lösen ist eine Sache, das erfolgreiche Ausschwemmen eine andere! Das ist es auch, was einen Fastentag zum richtigen Zeitpunkt so wichtig macht! Nachteilige Essgewohnheiten lassen sich nur selten mit Gewalt ablegen. Eine langsame Regenerierung ist nötig, gleichsam ein „Hinessen" zum Ausgangspunkt. Das Geheimnis besteht darin, Wertvolles hinzuzufügen und allmählich das wegzulassen, was schadet.

An Fastentagen empfehlen wir je nach Mondstand (siehe Seite 41) unsere Teemischungen:	
Vollmondtee (Melisse, Himbeerblätter, Holunderblüten, Quendel, Ringelbumen, Kornblumen, Sonnenblumen)	Entschlackungstee/Abnehmender-Mond-Tee (Brombeerblätter, Holunderblüten, Apfelstücke, Grüntee, Hagebutten, Ringelblumen)

Obst- und Safttage – Kurzurlaub für den Körper

Ideal: Immer an Widder, Löwe und Schütze.

Günstig: Generell an Neumond und Vollmond sowie jeweils an den drei Tagen davor.

Vorteile der Wahl des richtigen Zeitpunkts: *Sie werden Freude am Ergebnis und keine Mühe mit dem Durchhalten haben. Magendrücken oder Blähungen bleiben aus, die Verdauung funktioniert besser. Der Bauchumfang schwindet und Sie fühlen sich kräftiger. Die Müdigkeit vergeht und ein Sättigungsgefühl stellt sich früher ein. Sie sollten aber unbedingt auf den eigenen Ernährungstyp achten, denn Obst wird unterschiedlich gut vertragen (siehe Seite 60 ff.).*

Was geschehen kann, wenn Sie eine ungünstige Zeit wählen: *Sie bekommen manchmal Bauchweh oder Blähungen. Die Lust auf frisches Obst hält sich in Grenzen, andere Lebensmittel wirken scheinbar attraktiver. Man wird unruhig, lustlos und müde. Manchmal entwickelt man gegen Abend einen schwer beherrschbaren Heißhunger.*

Tipps und Tricks: Kurz vor und an Neumond entgiftet der Körper besonders wirkungsvoll. Obst- oder Safttage helfen dem Körper dabei. Kurz vor Vollmond speichert der Körper dagegen besonders wirkungsvoll. Obst- und Safttage verhindern dann eine stärkere Gewichtszunahme. Obst- und Safttage sind besonders sinnvoll, wenn sie als Kur gedacht sind, die dem Körper Gelegenheit zur Entgiftung und Regeneration geben soll.

Unser dringender Rat: Kaufen Sie ausschließlich Bio-Früchte, die noch duften! Gespritzte Agrarindustrie-Früchte haben keinen Eigengeruch mehr. Geben Sie genau acht, welches Obst und welche Säfte Sie vertragen und richten Sie sich nach Ihrer Beobachtung. Achten Sie besonders auf die unterschiedliche Wirkung von Kern- und Steinobst. Vielleicht entdecken Sie zu Beginn noch keinen großen Nutzen, aber das gute Gefühl wird sich bald einstellen (siehe auch die Informationen zum Ernährungstyp ab Seite 59).

Operationen zum richtigen Zeitpunkt

In der Hitparade unserer Leserzuschriften nimmt die Frage nach dem richtigen Zeitpunkt für eine anstehende Operation mittlerweile den ersten Platz ein. Aus gutem Grund: Der Zeitpunkt einer Operation gehört zu den wichtigsten Einflussfaktoren auf den Heilungsverlauf.

Selbstverständlich muss man bei Unfällen und Notfällen sofort handeln. Ein Hinauszögern, um auf den richtigen Zeitpunkt zu warten, könnte lebensgefährlich sein! Der förderliche und bremsende Einfluss der Mondrhythmen wirkt auch dann, aber das Risiko des Abwartens ist in diesen Fällen viel größer als etwaige Nachteile durch den falschen Zeitpunkt. Besser später eine Nachoperation zum richtigen Zeitpunkt als in dringenden Fällen abzuwarten!

Hier eine Zusammenfassung der wichtigsten Regeln für planbare Operationen:
Günstig: Bei abnehmendem Mond. Dabei dem Tierkreiszeichen aus dem Weg gehen, das die Körperzone regiert, an der operiert wird (siehe Tabelle Seite 46).
Ungünstig: Bei zunehmendem Mond inklusive Vollmond und Neumond (wenn Neumond sehr früh am Tag eintritt).

Sehr ungünstig: Kurz vor Vollmond und an Vollmond in dem Tierkreiszeichen, das die Körperzone regiert, an der operiert wird.

Vorteile der Wahl des richtigen Zeitpunkts: *Sie können mit geringerer Blutungsneigung und geringerer Narbenbildung rechnen. Die Heilung verläuft schneller, die Gefahr von Komplikationen ist geringer. Gehen Sie, wenn möglich, dem Tierkreiszeichen aus dem Weg, das die Körperzone regiert, die operiert werden soll. Schieben Sie jedoch niemals eine Operation auf, wenn Ihr Arzt vom Aufschub abrät, beziehungsweise, wenn es sich um einen Notfall oder Unfall handelt! Holen Sie vor größeren Eingriffen immer eine zweite Meinung ein!*

Was geschehen kann, wenn Sie eine ungünstige Zeit wählen: *Es kann eher zu Komplikationen und Infektionen kommen, die Heilungs- und Genesungsphasen dauern in der Regel länger. In den Tagen vor Vollmond kommt es häufiger zu stärkeren, schwer stillbaren Blutungen. Auch die Vernarbung verläuft nicht ungestört, das Risiko, hässliche Narben zurückzubehalten, ist höher. Manchmal sind Mehrfachoperationen nötig, um ein einigermaßen befriedigendes Ergebnis zu erreichen. Zudem erhöht sich die Gefahr von Nerven- und Phantomschmerzen.*

Auch wenn Sie sich nach einer Operation sehr schnell wieder fit und auf der Höhe fühlen, sollten Sie sich mit der Rückkehr in den Alltag und in die Aktivität Zeit lassen. Riskieren Sie keinen Rückfall, übertreiben Sie nicht, nur weil es Ihnen bereits besser geht! Halten Sie auf jeden Fall eine angemessene Heilungs- und Rehabilitationsphase ein.

Die Wahl des richtigen Tierkreiszeichens bei einer Operation: Wie oben erläutert, sollten Sie bei einer Operation das Tierkreiszeichen meiden, das die Körperregion regiert, in der operiert wird.

Es gibt im deutschen Sprachraum sicherlich keinen einzigen Arzt, keinen Chirurgen, Zahnarzt oder Heilpraktiker mehr, der nicht vom Einfluss der Mondrhythmen gehört hätte – sei es durch die Lektüre unserer Bücher oder durch die Informationen und Terminwünsche der Patienten. Natürlich wurden diese Informationen nicht immer freundlich aufgenommen, aber letztlich ändert das nichts an ihrer Gültigkeit.

Wir persönlich würden niemals auf die Idee kommen, uns bei einem Eingriff, dessen Termin frei wählbar ist, *nicht* nach dem Mond zu richten! Jeder Zahnarzt und jeder Chirurg, besonders aber das Pflegepersonal macht laufend die Erfahrung, dass

Bei Tierkreiszeichen	keine OP in den Regionen
Widder	Kopf, Gehirn, Augen, Nase, Oberkiefer
Stier	Kehlkopf, Schilddrüse, Zähne, Unterkiefer, Hals, Mandeln, Ohren
Zwillinge	Schulter, Arme, Hände, Lunge
Krebs	Brust, Lunge, Magen, Leber, Galle
Löwe	Herz, Rücken, Zwerchfell, Blutkreislauf, Schlagader
Jungfrau	Verdauungsorgane, Nerven, Milz, Bauchspeicheldrüse
Waage	Hüfte, Leiste, Nieren, Blase
Skorpion	Geschlechtsorgane, Nieren, Blase, Harnleiter, Leiste
Schütze	Oberschenkel, Venen
Steinbock	Knie, Knochen, Gelenke, Haut, Wirbelsäule
Wassermann	Unterschenkel, Venen
Fische	Füße, Zehen

Wunden bei zunehmendem Mond länger bluten und schlechter verheilen als bei abnehmendem Mond. Glücklich sind wir über die immer größer werdende Zahl von Heilkundigen, die ihrer persönlichen Erfahrung mehr vertrauen als nur dem, was sie gelernt haben. Der Mondkalender ist in diesen Praxen ein vertrautes Werkzeug.

Warum äußern sich manche Ärzte skeptisch oder wehren sich gegen das Offensichtliche? Wir haben eine kleine Umfrage unter jenen Ärzten, Chirurgen und Zahnärzten gemacht, die wir beraten, und das Echo war eigentlich sehr einheitlich. Man vermutete, dass manchen Kollegen an einer Form der Rückversicherung gelegen ist, bevor sie ihren eigenen Erfahrungen trauen wollen. Ein Chirurg machte uns auch darauf aufmerksam, dass durch den heutigen Medizinbetrieb der Einfluss des richtigen Zeitpunkts einfach übersehen wird, unter anderem deshalb, weil schon routinemäßig vorbeugend alles getan wird, um mögliche Komplikationen zu vermeiden (etwa durch Einsatz von Antibiotika).

Wie dem auch sei, wir unterstützen jeden, der persönliche und direkte Erfahrungen mit diesem Wissen machen möchte, denn nur dann hat die Sache Hand und Fuß und wird von Dauer sein. An der Gültigkeit der Regel, alle Operationen, deren Termin sich ohne Mühe frei wählen lässt, auf den abnehmenden Mond zu legen, ändert sich nichts. Der Einfluss der Mondrhythmen im Alltag der Menschen ändert sich nicht, nur weil manche Leute Probleme damit haben, ihn in ihr „modernes Leben" zu integrieren. Dass das wertvolle Mondwissen noch nicht in den heutigen Medizinalltag passt, ist uns bewusst, dennoch sollte es dem Einzelnen möglich sein, davon Gebrauch zu machen.

Wichtig: Alle Regeln zur Wahl des richtigen Zeitpunkts gelten auch für den Umgang mit Tieren!

Operationen in der Widder-Region – spezielle Tipps

Wenn eine Augenoperation nicht nur reine Symptombekämpfung sein soll, dann sollten Sie danach einige Dinge genauer betrachten, die eventuell die Ursache gewesen sein könnten: Computerarbeit, zu viel künstliches Licht, ein verstrahlter Schlafplatz und so weiter.

Achten Sie vor allem darauf, dass Sie genug Vitamine und Mineralien zu sich nehmen. Falsche Ernährung ist Ursache Nummer eins für ein Nachlassen der Sehkraft!

Manchmal würde es genügen, weniger Kaffee zu trinken oder ganz darauf zu verzichten und auf Tee umzustellen. Eine ausreichende Versorgung mit Vitamin A – über Bio-Gemüse – kann einer Sehschwäche erfolgreich vorbeugen. Wenn Sie dazu Karotten, beziehungsweise Karottensaft wählen, sollte immer ein Tropfen Öl mit hinein, weil Vitamin A fettlöslich ist und nur in Verbindung mit Fett aufgenommen wird. Das Öl ist quasi das Fahrzeug für Vitamin A.

An Widder-Tagen sollte man Augengymnastik nie versäumen, sie wirkt dann besonders intensiv. Andererseits: Nach langer Arbeit am Bildschirm (natürlich auch nach einem langem Videospiel!) ist eine solche Gymnastik immer sehr empfehlenswert, unabhängig vom Mondstand. Wirksam ist beispielsweise Folgendes: Blicken Sie zuerst ganz nach oben (nicht mit dem Kopf, sondern mit den Augen!), dann ganz nach unten, dann ganz nach rechts, dann ganz nach links – nicht den Kopf bewegen, sondern nur die Augen. Anfangs wird es etwas weh tun, weil sich die Sehnen verkürzt haben. Aber der Schmerz wird nicht lange anhalten und ist eigentlich nur ein gutes Zeichen. Freuen Sie sich auf die Wirkung!

Operationen in der Stier-Region – spezielle Tipps

Die Stier-Tage beeinflussen besonders die Halsregion. Mandeln zum Beispiel erfüllen eine wichtige Funktion im Körper, ihre Erhaltung sollte daher immer Priorität haben. Speziell bei Kindern ließe sich das Entfernen meist vermeiden, wenn man bei ihrer Ernährung auf das verzichten würde, was sie nicht vertragen. Milch zum Beispiel ist der Hauptschuldige für viele körperliche Probleme (nicht nur bei Kindern!). Leider wird es noch einige Jahre dauern, bis genügend Menschen aufgewacht sind, die des Kaisers neue Kleider als das entlarven, was sie sind. Kuhmilch gehört zu den ungesündesten Nahrungsmitteln, die die Menschheit „erfunden" hat. Die berühmte Dauer- „Rotznase" vieler Kinder ist eine allergische Reaktion, meistens auf Kuhmilch, aber auch auf einige andere Stoffe. Wer morgens oft mit Halsschmerzen aufwacht, die nach dem Zähneputzen oder nach dem Frühstück wieder vergehen, hat vielleicht nur eine Milchallergie.

Nach dem Sport zu duschen, ohne die Haare trocken zu föhnen, ist für mehr Fälle von steifem Nacken verantwortlich, als man glauben möchte. Die frische Kühle mag sich angenehm anfühlen, besonders an heißen Tagen, aber eine solche Gewohnheit führt später oft zu Problemen mit den Nasennebenhöhlen, beziehungsweise zu dauerhaften Hals-Nacken-Problemen. Wenn man sich oft mit einem steifen Hals herumschlagen muss, dann sollte man auch die Sitzposition ändern und auf Zugluft achten.

Operationen in der Zwillinge-Region – spezielle Tipps

Schmerzen im Schulterbereich und an anderen Gelenken stammen meist nicht von „Abnutzungserscheinungen", wie man uns oft einreden möchte. Sie stammen von Ablagerungen von zu viel tierischem Eiweiß, zu viel Zucker, Alkohol, Kaffee und so weiter, kurz, von allen Nahrungs- und Genussmitteln, die den Körper übersäuern. Arme und Schultern beginnen zu schmerzen, zwangsläufig reduziert man die Bewegungen. Das Naturgesetz greift: Was ich nicht gebrauche, verkommt.

Die gute Nachricht: Fast alles deutet darauf hin, dass es in keinem Alter zu spät ist zu reagieren und viele Schmerzzustände aufgrund von Gelenkproblemen gestoppt werden können. Dazu bedarf es erstens der Bereitschaft, einige Minuten täglich eine leichte Gymnastik zu machen (ideal ist die Mondgymnastik, siehe Seite 68 ff.), zweitens der Bereitschaft, sich nach einer persönlich angepassten, gesunden Ernährungsweise zu richten, und drittens der richtigen Einstellung. Sie müssen nämlich etwas Geduld mitbringen und die Überzeugung verlieren, dass die Beweglichkeit ab einem bestimmten Alter grundsätzlich eingeschränkt ist. Der Marathonläufer Fauja Singh war 89 Jahre alt, als er mit dem Laufen begann, und seinen letzten Marathon lief er mit 101.

Operationen in der Krebs-Region – spezielle Tipps

Vermeiden Sie nach einer Operation im Brust-Lungen-Bereich jede Anstrengung an den Krebs-Tagen. Das ist besonders wichtig in der Rehabilitationsphase. Angenommen, Sie haben für eine Operation den richtigen Zeitpunkt gewählt. Oftmals verläuft die Heilung dann so schnell und ermutigend, dass man dazu neigt, gewohnte Aktivitäten wieder zu früh aufzunehmen. Übertreiben Sie also bitte nicht vor lauter Begeisterung!

In den vergangenen Jahren hat sich deutlich gezeigt, dass es bei einer ästhetischen Brustoperation sehr sinnvoll ist, auf den richtigen Zeitpunkt zu achten. Man geht damit vielen Komplikationen aus dem Weg. Natürlich lässt sich nicht bei jeder Operation jederzeit der richtige Zeitpunkt aussuchen. Sind massive Folgeschäden eingetreten wie hässliche Vernarbungen oder Ähnliches, dann lohnt sich eine Nachoperation zum richtigen Zeitpunkt.

Operationen in der Löwe-Region – spezielle Tipps

Nach einer Herzoperation und besonders auch nach einer Operation aufgrund einer Krebserkrankung sollte man niemals zur selben Schlafstelle zurückkehren. Verschieben Sie Ihr Bett oder ziehen Sie in ein anderes Zimmer. Genauere Informationen über diese Zusammenhänge finden Sie in unserem Buch „Aus eigener Kraft" und auf Seite 58. Auch das Buch „Erfahrungen einer Rutengängerin" von Käthe Bachler können wir zu diesem Thema empfehlen.

Achten Sie zukünftig an Löwe-Tagen vermehrt darauf, wie sich diese Tage und ihre Energien anfühlen. Es ist ratsam, jedem Ärger und jeder Aufregung aus dem Weg zu gehen. Auch große körperliche Anstrengung ist an Löwe-Tagen nicht gerade empfehlenswert. Wer auf Narkosemittel empfindlich, vielleicht sogar allergisch reagiert, sollte Operationen an Löwe generell möglichst meiden. Das gilt auch für einen Besuch beim Zahnarzt, bei dem Betäubungsspritzen verabreicht werden. Auch zu viel Sonnenbestrahlung schadet an Löwe-Tagen mehr als sonst.

Operationen in der Jungfrau-Region – spezielle Tipps

Die Hauptursache von Darm- und Verdauungsproblemen ist in der Ernährungsweise zu suchen. Nach einer Operation ist eine Ernährungsumstellung meist unumgänglich. Auch alte, belastenden Gedanken und Vorstellungen loszulassen, heilt den Darmbereich mehr, als Sie denken. Über die Zusammenhänge zwischen Seele und Darm weiß auch der Volksmund Bescheid. Jeder kennt beispielsweise den Ausspruch: „Die Nachricht ist mir auf den Magen geschlagen."

Die Abendmahlzeit sollte bei Magen- und Darmproblemen schon früh erfolgen, möglichst vor 18 Uhr. Viele Menschen essen oder snacken spät abends, gleichsam als Einschlafhilfe. Das ist auch eine Einladung für Übergewicht, chronische Verdauungsprobleme sowie Kreislaufprobleme und Herzkrankheiten. Meditation ist zwar immer eine gute Sache, bei Magenproblemen aber ist sie schon beinahe eine Notwendigkeit. Zu meditieren hilft hier wirklich![5]

Operationen in der Waage-Region – spezielle Tipps

Ein guter Chiropraktiker kann bei Problemen im Hüftbereich wahre Wunder wirken und so manche Operation verhindern, wenn man ihn früh genug aufsucht. Wenn Ihre Hüfte nicht richtig eingerenkt ist, können Sie auch nicht gerade und natürlich stehen. Eine schiefe Haltung aus Gewohnheit führt zu noch größeren Dauerschäden. Stehen Sie immer so, dass sich Ihr Gewicht gleichmäßig auf beide Beine verteilt, locker und gerade. Eine „lässige“, schiefe Haltung, bei der nur ein Bein belastet wird, führt zwangsläufig zu Schmerzen im Alter.

Hüftoperationen sind heute fast schon Routine, und dennoch haben manche Menschen hinterher stärkere Beschwerden als zuvor. Solche Eingriffe sind aber nur sehr selten Notoperationen. Meiden Sie also die ungünstigen Zeiten. Es lohnt sich, auf den richtigen Zeitpunkt zu achten! Sagen Sie einfach Nein, wenn Ihnen ein schlechter Termin angeboten wird. Wichtig: Nach der Operation sollten Sie sich trotzdem schonen, auch wenn sich alles wunderbar anfühlt!

Wer sich mit Hüftproblemen herumschlägt, hat nicht selten eine unentdeckte Verschiebung auch im Kieferbereich. Machen Sie Ihren Zahnarzt auf diese Möglichkeit aufmerksam und ignorieren Sie sein spöttisches Lächeln, wenn Sie ihm den Grund für die Untersuchung mitteilen. Manchmal hat sich die Hüfte auch durch eine schwierige Geburt verschoben.

Operationen in der Skorpion-Region – spezielle Tipps

Routineuntersuchungen im Unterleib führen manchmal dazu, dass zu einer raschen Operation geraten wird. Dann bleibt oft keine Zeit mehr zum Nachdenken oder zum Abgleichen eines Termins mit dem Mondkalender. Deshalb ein Tipp: Wenn Sie zur Vorsorge immer kurz nach Vollmond gehen, haben Sie bessere Chancen, im Fall der Fälle einen guten Mondstand zu erwischen. Der Unterschied zwischen guten und ungünstigen Zeiten ist wirklich groß! Am Nachmittag zwischen 15 und 17 Uhr viel zu trinken hat schon viele Blasenentzündungen verhindert oder im Entstehen wieder zurückgedrängt. An Skorpion-Tagen sollte man warme bis heiße Sitzbäder zur Gewohnheit werden lassen, besonders, wenn bereits eine Empfindlichkeit besteht. An Skorpion- und Waage-Tagen schadet das Sitzen auf kalten Flächen der Unterleibsregion besonders.

Operationen in der Schütze-Region – spezielle Tipps

Wenn Sie nach einem Unfall Nägel oder Schrauben im Oberschenkelknochen haben, dann lassen Sie sie nie an Schützetagen entfernen, sondern immer nur bei abnehmendem Mond. Dabei das Tierkreiszeichen Schütze meiden. Thymianbäder durchbluten die Beine optimal. Man verabreichte sie früher erfolgreich bei Lähmungserscheinungen und nach Unfällen.

Operationen in der Steinbock-Region – spezielle Tipps

Rücken- und Knieprobleme können Sie ohne eine Ernährungsumstellung nicht in den Griff bekommen. Bei Problemen mit den Knien und der Wirbelsäule versäumen Sie niemals, die kundigen Hände eines Chiropraktikers zum Zuge kommen zu lassen. Orthopäden gehen zwar gerne selbst zum Chiropraktiker, vergessen aber oft, ihren Patienten von ihren guten Erfahrungen zu berichten.

Steinbock regiert auch die Haut. Hautprobleme sind so gut wie nie ein Problem der Haut selbst. Der Zustand der Haut ist ein Fenster ins Innere Ihres Körpers. Die Haut gibt Auskunft über Ihre persönliche Ernährung, über Ihre Blutwerte und Ihre Verdauung. Ohne die Kenntnis Ihres persönlichen Ernährungstyps, Alpha oder Omega, kommen Sie dem Geheimnis einer dauerhaft schönen Haut nicht so schnell auf die Spur (siehe ab Seite 59).

Wenn Ärzte bei unbestimmten Gelenk- und Knochenschmerzen nicht mehr weiterwissen, kommen meist starke Rheuma-Medikamente zum Einsatz, deren Spätschäden schlimmer sind als Ihre derzeitigen Gelenkprobleme. Essen Sie einfach im Laufe der Zeit immer weniger Produkte mit tierischem Eiweiß, dann machen Sie einen großen Schritt in Richtung Besserung. Die häufigste Ursache für ständige Gliederschmerzen ist die Übersäuerung Ihrer Gewebe, ausgelöst durch Zucker und tierisches Eiweiß.

Operationen in der Wassermann-Region – spezielle Tipps

Krampfadern, die an Wassermann-Tagen beziehungsweise generell bei zunehmendem Mond operiert wurden, kommen fast immer zurück. Bei abnehmendem Mond dagegen ist der Erfolg gut erkennbar. Um nach einer Operation dauerhaften Erfolg zu erzielen, sind drei Dinge wichtig. Erstens: sich allgemein mehr zu bewegen. Zweitens, auch wenn wir uns immer wiederholen müssen: eine Umstellung der Ernährung. Drittens: die Beine in Zukunft an Wassermann-Tagen nicht durch zu langes Stehen oder Sitzen zu belasten.

Hämorrhoiden sind in ihrer Entstehung und ihren Ursachen mit Krampfadern vergleichbar. Kalte Sitzbäder und Waschungen helfen sehr gut, sowohl vorbeugend als auch heilend. Frauen sollten allerdings an Skorpion-Tagen auf kalte Waschungen verzichten, weil die Skorpion-Energie zu diesem Zeitpunkt die Gefahr von Blasenentzündungen erhöht.

Operationen in der Fische-Region – spezielle Tipps

Alle Körpermeridiane und Energiebahnen laufen an den Füßen zusammen. Deshalb sollte man damit rechnen, dass selbst ein scheinbar harmloser, kleiner Eingriff an den Füßen manchmal zu heftigen körperlichen Reaktionen führt.

Wenn Sie herausfinden, dass eine Fußoperation genau am Meridian-Punkt eines bestimmten Organs, einer bestimmten Körperzone erfolgen muss, können Sie auch jenem Tierkreiszeichen im Mondkalender aus dem Weg gehen, das diese Zone regiert. Ingeborg Steiners „So spricht die Seele durch die Füße" ist ein wunderbares Buch zum Thema.

Vorsichtige Fußreflexzonenmassagen regen alle Körperregionen und Organe zur Regeneration an. Sie sind ein wahrer Segen.

Zahnarztbesuche

Wie schrieb der ehemalige Präsident des Bayerischen Zahnärzteverbandes, Dr. Siegfried Bücherl, im Schlusswort seines Buchs „Mond und Zähne": „Wer hätte das gedacht, wenn er den Mond betrachtet, dass er noch mehr kann als nur wunderbar leuchten als Vollmond ... Ich habe versucht, aufzuzeigen, dass er uns auch in dem kleinen Bereich Zahnmedizin hilfreich zur Seite stehen kann."

Gemeinsam mit ihm haben inzwischen zahllose ZahnmedizinerInnen die Erfahrung gemacht, welch segensreichen Einfluss der richtige Zeitpunkt in Ihrem Fach haben kann. Und so sehen die Regeln aus:

Günstig: Bei abnehmendem Mond, mit Ausnahme von Widder oder Stier.
Ungünstig: Bei zunehmendem Mond inklusive Neumond und Vollmond.
Sehr ungünstig: Bei zunehmendem Mond an Widder, Stier und Krebs und immer an Vollmond und an den drei Tagen zuvor.
Vorteile der Wahl des richtigen Zeitpunkts: *Sie können beim Zahnziehen mit einer geringeren Blutungsneigung rechnen, mit einem schnelleren Heilungsverlauf und einem geringeren Risiko für Komplikationen. Auch das Ziehen von Weisheitszähnen verursacht viel weniger Probleme. Wunden von Implantaten, die zum richtigen Zeitpunkt eingesetzt wurden, heilen besser, die Implantate halten länger. Dasselbe gilt für Plomben, Kronen und Brücken. Zahnreinigungen sind gründlicher, man muss sich der Prozedur seltener unterziehen.*
Was geschehen kann, wenn Sie eine ungünstige Zeit wählen: *Komplikationen und Infektionen kommen nach Operationen häufiger vor, die Heilungs- und Genesungsphasen dauern in der Regel länger. Gegen Vollmond kommt es beim Zahnziehen häufiger zu stärkeren, schwer stillbaren Blutungen. In der Folge können starke Schwellungen und anhaltende Schmerzen auftreten, man muss zu starken Medikamenten greifen. Kronen können lange vor Ende ihrer normalen Haltbarkeitsdauer herausfallen. Das Zahnfleisch zieht sich rascher zurück.*
Tipps und Tricks: Besonders beim Zahnziehen ist der richtige Zeitpunkt wichtig. Dass beispielsweise ein gezogener Weisheitszahn zu zwei Wochen Arbeitsausfall führen kann, während man ein andermal, nachdem die Wirkung der Spritze nachgelassen hat, schon wieder obenauf ist – davon hat jeder schon gehört oder es am eigenen Leib erfahren. Lassen Sie sich zum richtigen Zeitpunkt behandeln – und Sie haben gute Chancen, dass Sie keine Medikamente brauchen und alles wunderbar verheilt.

Besonders wichtig ist es, sich – auch wenn der richtige Zeitpunkt gewählt wurde – nach dem Eingriff zu schonen. Nach einer Zahnoperation sollten Sie nichts Schweres heben, keinen Sport, kein Yoga und keine Gymnastik machen (auch keine

Mondgymnastik) und nichts essen, was belastend wirkt oder verletzen könnte (Nüsse, trockene Plätzchen, Kaffee und so weiter). Die beste Medizin nach dem Zahnziehen ist Salbeitee. Er hat die Eigenschaft, Wunden von innen her schneller zu heilen. Kamillentee hat ebenfalls wundstillende Eigenschaften, aber er eignet sich nicht für die Mundregion, weil er die Wunde manchmal zu schnell schließt und dann schädliche Bakterien mit eingeschlossen werden.

Das bisher Gesagte gilt in besonderem Maße auch für Implantate. Zum richtigen Zeitpunkt eingesetzt, wächst alles gut ein, Sie spüren nichts und haben auch später keinen Ärger. Dennoch gilt auch hier: Schonen Sie sich nach der Operation! Wichtig: Nehmen Sie vor jedem Eingriff fünf Arnika-Globuli D 12 ein, auch unmittelbar nach dem Eingriff, und dann noch eine Woche lang fünf Globuli täglich. Diese unterstützende Begleitung gilt für Operationen aller Art! Alkohol, Rauchen und Kaffee verzögern die Wundheilung im Mundraum. Ausnahme: Bei einem vollständigen Zahnersatz ist das Anpassen der Prothesen kurz vor oder an Vollmond am erfolgreichsten, damit sie später nicht drücken.

Gesundheitsfaktor „guter Platz“

Luftqualität, statische Aufladungen, Ausgasungen von Möbeln und Farben, Qualität der Beleuchtung – viele Faktoren entscheiden darüber, ob Sie einen gesunden Arbeitsplatz, einen gesunden Schlafplatz haben. *Eine Sache* aber ist von wesentlicher Bedeutung, ob Sie an diesen Orten gesund bleiben oder belastet werden, bis hin zum Ausbruch einer Krankheit. Dieser Faktor findet auch heute noch kaum Beachtung, weil sein Aufspüren und seine Beseitigung als „unwissenschaftlich“ und „esoterisch“ gelten. Denn er lässt sich zuverlässig nur mit Wünschelrute oder Pendel entdecken. Es geht um das alte Wissen um „gute“ und „schlechte Plätze“, um „Erdstrahlen“, „Wasseradern“ und andere negative Strahlungen, die mit den heutigen Instrumentarien der Wissenschaft nicht messbar sind. Sie lassen sich in der Regel nur durch die Beobachtung ihrer Auswirkungen auf den menschlichen Körper erkennen.

Dürfen wir das Wort „unwissenschaftlich“ kurz und korrekt übersetzen? Es bedeutet: „Wir wissen es nicht oder es existiert nicht, weil wir keinen Nachweis erbringen können, oder weil unsere Messinstrumente nicht ausreichen oder weil wir unseren Ruf verlieren, wenn wir uns mit diesem Aberglauben befassen, oder weil damit kein Geld zu machen ist.“ Dabei kennt jede Krankenschwester das Phänomen, dass in bestimmten Betten auf ihrer Station die Heilungsprozesse langsamer verlaufen und/ oder es immer wieder zu unerklärlichen Komplikationen kommt. Tatsächlich gibt es in jedem Haus, in jeder Wohnung gute und schlechte Plätze, unabhängig davon, was sich auf diesem Platz befindet – sei es Mauer, Tisch, Stuhl, Bett oder Küchenzeile.

Die Fähigkeit, solche Plätze voneinander zu unterscheiden, ist bei jedem Menschen unterschiedlich ausgeprägt. In der Regel ist die Sensitivität für den Einfluss solcher Plätze im Babyalter und in der Jugend größer als bei Erwachsenen. Auch die individuelle Reaktion ist unterschiedlich: Manche Menschen verbringen Jahre in einem Bett, das auf einem „schlechten“ Platz steht, ohne krank zu werden, manche werden schon nach einigen Minuten Sitzen auf einem schlechten Platz unruhig und nervös.

Noch ist nicht erforscht, was *genau* die Qualität eines Platzes bestimmt. Sicher sind jedoch Strahlungen beteiligt, die von unterirdischen Wasseradern, Erdstrahlungen und Objekten aller Art ausgehen. Die Erforschung mit heute üblichen Methoden ist kaum möglich. Die Wissenschaft befindet sich da in einer ähnlichen Situation wie ein Mensch, der blind geboren ist und nun das Konzept von „Farben“ als „unwissenschaftlich“ bezeichnet. Einer der Gründe für den Mangel an aussagekräftigen Untersuchungen ist, dass erfahrene Rutengänger und Pendler sich dafür nicht zur Verfügung stellen würden. Sie wissen, dass die Anwesenheit von nur einem einzigen Menschen, der an dieser Kunst und ihrem Wert zweifelt, oft schon das Untersuchungsergebnis verfälscht. Mit der Konsequenz, dass sich eigentlich nur Rutengänger der Wissenschaft anbieten, die ihre Fähigkeiten ein wenig überschätzen, um es vorsichtig auszudrücken.

Früher war das Phänomen des guten Platzes wohlbekannt: Im alten China wurde kein Haus gebaut, ohne dass der Grund vorher nicht genauestens untersucht worden wäre. Die Chinesen waren auch die ersten, die ihre Erfahrungen mit der Anwendung dieses Wissens schriftlich niederlegten. Unsere Vorfahren bedienten sich einer Reihe von „Werkzeugen" zur Identifizierung von guten und schlechten Plätzen (Ruten, Pendel etc.) und der genauen Beobachtung der Tier- und Pflanzenwelt. Sie fanden heraus, dass viele Tiere ausgesprochene Detektoren für die Qualität eines Platzes sind: Katzen, Ameisen und Bienen etwa sind „Strahlensucher" – sie bevorzugen für den Menschen schlechte Plätze. Ameisen und Bienen errichten ihre Nester stets über der Kreuzung von zwei Wasseradern. Dass Störche und Schwalben verbreitet als Glücksbringer gelten, hängt vielleicht damit zusammen, dass sie nur dort nisten, wo die Umgebung weithin strahlungsfrei ist. Vögel wie auch Hunde, Pferde und Kühe gehören zu den „Strahlenflüchtern" – wo sie sich niederlassen, ist auch für uns Menschen ein guter Platz.

Viele Eltern haben es schon beobachtet: Manche Babys drehen und wälzen sich im Bett, schreien viel, liegen oft morgens in einer Ecke des Bettchens; viele Kinder halten es nachts in ihrem Bett nicht aus, schlüpfen bei Eltern oder Geschwistern unter. Schulkinder, die ein Jahr lang ständig auf dem gleichen schlechten Platz sitzen, bleiben oft grundlos in ihren Leistungen zurück, nachdem bislang alles gut gegangen ist. Manchmal richtet man mit viel Geld und Geschmack ein Kinderzimmer mit Schreibtisch ein, und dann kommt das Kind zum Hausaufgabenmachen doch in die Küche – oft ein Zeichen, dass der Schreibtisch einen ungünstigen Platz hat.

Auch in der Erwachsenenwelt lässt sich manches beobachten, was mit guten und schlechten Plätzen zu tun hat: Vielleicht ist Ihnen schon einmal aufgefallen, dass manche Hausfrau beim Kochen schräg oder in größerem Abstand vor dem Küchentisch steht, dass es Stühle im Wohnzimmer gibt, die grundlos leer bleiben, dass Sie an bestimmten Plätzen regelmäßig schnell müde oder unruhig werden. Mancher ansonsten fähige und bei seinen Schülern beliebte Lehrer bekommt plötzlich eine „schlechte" Klasse, mit der er nicht zurechtkommt, bei der er „keinen Fuß auf den Boden bekommt", weil sein Stuhl auf einem schlechten Platz steht. Manchmal behilft er sich unbewusst, indem er auf und ab geht oder ständig auf dem Pult sitzt statt dahinter.

Leider ist unser Gefühl einem bestimmten Platz gegenüber kein sicheres Zeichen für seine Qualität: Manche Menschen haben sich so sehr an negative Energien gewöhnt – etwa weil ihr Bett schon seit Jahren auf einem schlechten Platz steht –, dass sie von „schlechten" Plätzen geradezu magnetisch angezogen werden.

Die Einsicht, dass es „gute“ und „schlechte“ Plätze gibt, und ihre Identifikation sind jedoch von größter Bedeutung, wenn es um unsere Gesundheit geht. Jahrelanges Sitzen oder Schlafen auf einem schlechten Platz kann verantwortlich oder mitverantwortlich sein für langwierige, chronische Krankheiten, für chronische Kopfschmerzen, Müdigkeit und dergleichen. Und dies so sehr, dass man eine vielleicht etwas drastische Feststellung treffen muss: Es ist fast selbstmörderisch, nach einer Operation nach langwieriger Krankheit nach Hause zu kommen und wieder das gleiche Bett an gleicher Stelle zu beziehen. Jeder Mensch, der unter chronischen Störungen seines Wohlbefindens leidet, sollte seinen Schlaf- und Arbeitsplatz von Menschen untersuchen lassen, die in dieser Kunst bewandert sind.

Selbstverständlich werden Sie jetzt fragen, was man selbst tun kann, um die Qualität eines Platzes festzustellen. Leider gibt es kein Patentrezept. Wenn Sie Verdacht geschöpft und Grund zu der Vermutung haben, Sie selbst oder ein Mitglied Ihrer Familie könnten an schlechten Plätzen schlafen oder arbeiten, probieren Sie es mit einer Umstellung der Möbel. Meistens genügen schon ein bis zwei Meter Abstand zum alten Platz. Bedenken Sie dabei aber einen wichtigen Aspekt: Selbst wenn Sie auf einem schlechten Platz geschlafen oder gearbeitet haben, kann es sein, dass Sie die Qualität des neuen Platzes nicht gleich spüren. Der Körper gewöhnt sich auch an negative Plätze und reagiert nach einer Umstellung oft mit einer „Erstverschlechterung“ – etwa mit schlechtem Schlaf oder nervöser Unruhe. Das vergeht jedoch nach einigen Tagen.

Besonders ausführlich finden Sie das Mondwissen rund um den Bereich Gesundheit und Heilen in unseren Büchern „Aus eigener Kraft“ und „Vom richtigen Zeitpunkt“ dargestellt. Wir würden uns freuen, wenn Sie dieses Kapitel dazu inspiriert hat, sich mit dem Thema eingehender zu befassen.

So manche Rutengeher und Pendler versuchen, teure „Abschirmgeräte“ zu verkaufen. Diese Menschen mögen Fähigkeiten haben, aber solche Produkte und Gerätschaften leisten fast nie das Versprochene. Schlimmstenfalls funktionieren sie einige Zeit, laden sich aber dann so stark auf, dass sie stärker negativ strahlen als die ursprüngliche Strahlenquelle. Der gute Platz ist die beste Abschirmung.

4

Unsere natürliche Nahrung

Die zwei Ernährungstypen Alpha und Omega

» Der Geschmack des geteilten Brotes hat nicht seinesgleichen. «

(ANTOINE DE SAINT-EXUPÉRY)

Fast jeder Mensch gehört einem von zwei Ernährungstypen an: *Alpha-Typ oder Omega-Typ*. Wir haben uns die Begriffe Alpha-Typ und Omega-Typ ausgedacht, weil es nach unserem Kenntnisstand keine populären und eingeführten Bezeichnungen gibt. Die Ernährungswissenschaft ist zu dieser jahrtausendealten Erkenntnis der Existenz zweier Grundtypen noch nicht vorgedrungen – zumindest nicht in einer für unsere Regionen und Breitengrade verwertbaren Form.

Alpha-Typ und Omega-Typ unterscheiden sich dadurch, dass sie jeweils eine Reihe von Lebensmitteln unterschiedlich gut vertragen und unterschiedlich verstoffwechseln. Diese Unterschiede sind so gravierend, dass Sie sich gesundheitlichen Schaden zufügen, wenn Sie sich über längere Zeit nicht dem eigenen Typ gemäß ernähren – auch dann, wenn Sie auf Vollwert und Bio achten. In seltenen Fällen kommt auch ein Mischtyp vor. Man ist dann weder ein Alpha- noch ein Omega-Typ und es gelten besondere Empfehlungen.

Wer den eigenen Ernährungstyp kennenlernt und beherzigt, der kann noch viel mehr als bisher mitbestimmen, ob er den 85. Geburtstag fit wie ein Turnschuh erlebt – mit Optimismus in die Zukunft blickend und mit der Frage beschäftigt, mit welchen besonderen Abenteuern man die nächsten 20 Jahre füllen will. Oder ob er oder sie den 60. Geburtstag müde, mutlos und von Zipperlein geplagt am liebsten ignorieren möchte und der Zukunft eher resigniert entgegensieht.

Zu Beginn möchten wir Ihnen eine kleine Grundtabelle von Lebensmitteln vorstellen, die die gravierendsten Unterschiede zwischen Alpha-Typ und Omega-Typ zeigt und mit denen man es mehr oder weniger täglich zu tun hat. Die Feinheiten besprechen wir danach.

Der Alpha-Typ verträgt gut	**wird belastet durch**
Roggenmehl	Weizenmehl (auch Bio)
Butter, Butterschmalz, Ghee	pflanzliche Öle

Kernobst (Äpfel, Birnen etc.)	Zucker, Süßigkeiten
Zitrusfrüchte	Steinobst (Aprikosen, Kirschen etc.)
Gurken	Bananen
Karotten	zu viel Knoblauch
Zwiebeln	Tomaten
Grüntee	Kaffee

Der Omega-Typ verträgt gut	**wird belastet durch**
pflanzliche Öle	Fette tierischer Herkunft
Reis	zu viel Zwiebeln
Nüsse	Gurken
Vollkorn-Weizenmehl	Roggenmehl
Steinobst, Bananen	Kernobst (Äpfel, Birnen etc.)
Tomaten	Zitrusfrüchte
Knoblauch	zu viel Schwarztee
Kaffee (ohne Milch!)	
Bio-Süßigkeiten	

Beide Typen vertragen: Dinkel und Dinkelprodukte (außer bei Glutenunverträglichkeit), Gerste, Sesam, Feigen, grüne Salate, Feldsalat, Beerenfrüchte, Bio-Sojaprodukte, Bio-Sojadrink. Alle Hülsenfrüchte, Kartoffeln und pflanzliches Eiweiß, Pilze und im Wesentlichen die meisten anderen, hier nicht aufgezählten Lebensmittel, die für beide Typen neutral wirken.
Schädlich für alle: Weißer Zucker, polierte Getreide, Weißmehl, zu viel Salz, künstliche Aroma- und Süßstoffe, Farbstoffe, Konservierungsmittel, bestrahlte Lebensmittel, Fast Food, tierisches Eiweiß, Fisch besonders für Frauen.
Problematisch für alle: Gehärtete Fette, „Light-Produkte" (sie täuschen wenig Zucker und/oder Fett vor, der Körper kann sie nicht verstoffwechseln), Mikrowellengerichte (sie entziehen alle Lebensenergie), Obst und Gemüse aus der Industrielandwirtschaft, Fleisch, Fisch, Milchprodukte, Eier.

Vielleicht geht jetzt schon dem einen oder der anderen ein kleines Licht auf und so manch Unerklärliches wird verständlicher. Ja, ohne dieses Wissen ist der Kampf gegen die heutige Übergewichtsepidemie viel schwerer und nicht erfolgreich zu führen! Wenn ich mich nämlich nach allen Regeln der Kunst und der Natur gesund und bio ernähre, kann es trotzdem geschehen, dass mein Körper nicht bekommt, was er braucht – nämlich genau dann, wenn ich meinen persönlichen Ernährungstyp ignoriere und Dinge esse, die ich nicht verstoffwechseln kann. Als Folge empfindet der Körper eine Mangelsituation, die ihn nach „Mehr!" rufen lässt. Nur mit allergrößter Selbstdisziplin lässt sich so das Gewicht halten. Gesund sein und bleiben wird dann etwas schwieriger.

Um im Alltag aus eigener Kraft herauszufinden, welcher Ernährungstyp man ist, muss man ein klares Gefühl dafür entwickeln, was „vertragen" und „nicht vertragen" eigentlich bedeutet, und zwar für Sie persönlich!

Dazu ist im ersten Schritt notwendig, alle Vorurteile über Bord zu werfen in Bezug auf den Nutzen oder Schaden bestimmter Lebensmittel und Nahrungsmittelgruppen. Butter war lange Zeit ach so gesund und dann plötzlich nicht mehr. Heute ist sie es wieder. Pasta galt als Super-Dickmacher, dann gab es die gesunde Nudel-Diät, heute verteufeln sie Kohlenhydrate. Dieses Auf und Ab der wissenschaftlichen Meinung erlebte so gut wie jedes Lebensmittel.

Die Wahrheit liegt nicht in der Mitte, sondern in Ihrer ganz persönlichen Erfahrung – und nirgends sonst! Wenn Sie die Ausnahme von einer Regel sind, hat jede Statistik ihren Sinn verloren. Tatsache ist, dass jeder Einzelne von uns eine Ausnahme ist, jeder für sich.

Was also bedeutet „nicht vertragen" für Sie persönlich? Am allerwichtigsten: Sie vertragen ein bestimmtes Lebensmittel wahrscheinlich nicht, *wenn sein Genuss regelmäßig ermüdend wirkt!* So verrückt sind die normalen Ansichten über unsere Ernährung und unsere Nahrungsmittel, dass uns sogar schon Ärzte weismachen wollen, man *müsse* sich nach dem Essen müde fühlen! Das ist falsch. Vollwertige Lebensmittel, ausgesucht nach dem Ernährungstyp und liebevoll zubereitet, machen niemals müde, selbst wenn Sie ein wenig mehr davon essen, als der Körper verlangt. Sind aber Konservierungsmittel, Farbstoffe, Geschmacksverstärker und künstliche Aromastoffe enthalten, machen Nahrungsmittel immer müde.

Die Ausnahme ist hier die leichte Mattigkeit zwischen 13 und 15 Uhr, unabhängig davon, ob Sie ein Mittagessen hatten oder nicht. Sie ist etwas ganz Natürliches und hängt mit dem Tagesrhythmus der Organe zusammen (siehe Seite 99 und 100).

Zweitens: Sie vertragen ein bestimmtes Lebensmittel wahrscheinlich nicht, wenn Sie regelmäßig unter saurem Aufstoßen, Sodbrennen, Völlegefühl, Blähungen oder Kopfschmerzen leiden. Kopfschmerz und Migräne sind eine sehr häufige allergische Reaktion auf unverträgliche Nahrungsmittel oder Getränke. Schokolade beispielsweise ist für viele Menschen ein starker Migräne-Auslöser und lange nicht der „Glücklichmacher", als der sie uns verkauft wird. Oftmals wird diese Reaktion nicht in Verbindung mit untauglicher Nahrung gebracht, weil sie verzögert eintreten kann, manchmal sogar erst am nächsten Tag.

Drittens: Sie vertragen ein bestimmtes Lebensmittel wahrscheinlich nicht, wenn sich etwa 15 Minuten bis eine halbe Stunde nach seiner Aufnahme Ihre Gemütslage stark verschlechtert! Diese Reaktion tritt besonders bei Kindern auf, wenn sie Süßigkeiten oder Milchprodukte gegessen haben, am stärksten vormittags zwischen 9 und 11 Uhr. Aber auch bei Erwachsenen, etwa nach der Aufnahme von Mehlspeisen mit poliertem Weizenmehl und weißem Zucker, weil dies stets zu einem Mangel an Vitamin B führt, dem Nerven-Vitamin.

Viertens: Sie vertragen ein bestimmtes Lebensmittel wahrscheinlich nicht, wenn Sie unter unbestimmbaren Rückenschmerzen leiden, besonders im unteren Bereich. Rückenschmerzen sind eine häufige allergische Reaktion auf polierten Weizen, der ja heute der Normalfall ist. Die überlastete Niere strahlt dann über Nervenbahnen in die Wirbelsäule aus. Kommt immer wieder Weizenmehl nach, wird der Niere die Arbeit schließlich zu viel und ihr Helferorgan, die Milz, gerät unter Druck mit allen Folgen.

Unsere „Normalkost" aus vielen Kantinen und Fast-Food-Restaurants und Supermärkten wirkt eindeutig lähmend! Das fühlt jeder, der sich einmal eine oder zwei Wochen lang gesund und typgerecht ernährt. Die Leute sind hinterher meist völlig fassungslos, welche unglaubliche Schärfe unsere Sinneswahrnehmungen annehmen können – zu schmecken, zu riechen, zu fühlen!

Wichtig hier: Fast immer spürt man es erst zeitversetzt, wenn man etwas nicht verträgt. Ein chronischer Morgenmuffel ist oftmals „nur" das Opfer seiner Essgewohnheiten vom Vortag.

Alpha-Omega-Identifikationsquiz

Alpha-Typ:

Sie vertragen den täglichen Orangensaft, haben bei Gurken keine Probleme mit Aufstoßen und Karotten sind ein bevorzugtes Gemüse? Lieben Sie größere Mahlzeiten, dafür in größeren Abständen, ohne Snacks zwischendurch? Nach Süßigkeiten und Weizenbrot stellt sich regelmäßig Müdigkeit ein? Bekommen Sie von Kirschen oder Pflaumen einen sauren Magen, vertragen Äpfel besser? Fast immer mit Ja geantwortet gibt einen deutlichen Hinweis auf einen Alpha-Typ.

Omega-Typ:

Sie haben relativ oft Hungergefühle, sind aber dann schon mit Kleinigkeiten wie ein paar Früchten, einer Müslischnitte, einem Smoothie zufrieden? Große Portionen wirken abschreckend? Bio-Süßigkeiten wirken nicht so belastend, wie man erwarten könnte? Bio-Weißbrot vertragen Sie gut, bekommen von Roggenbrot eher Magendrücken? Tierisches Fett, etwa Butter, kann schon mal eine leichte Übelkeit verursachen? Der tägliche, angeblich so gesunde Apfel kann Sie nicht wirklich begeistern? Viele Ja-Antworten lassen einen Omega-Typ vermuten.

Die beiden Tabellen (Seite 60/61) lassen erkennen, warum zum Beispiel Kernobst zusammen mit Steinobst für viele Menschen nicht verträglich ist, vor allem nicht Mischsäfte aus beidem. Es ist jetzt sicher auch verständlich, warum manche Menschen von Torten nicht dick werden, während andere buchstäblich schon „beim Hinschauen“ Pfunde zulegen. Oder warum viele Menschen, besonders Kinder, das viel gepriesene Glas Orangensaft am Morgen nicht vertragen und mit Sodbrennen reagieren. Oder warum der „gesunde Apfel“ von vielen Kindern in der Schulpause schnellstens gegen etwas „Besseres“ eingetauscht wird. Oder warum manche Menschen sich so richtig satt essen und dann lange nichts mehr brauchen, während andere ständig Kleinigkeiten dahinessen.

Ein Hauptgrund dafür, dass das Wissen um die Ernährungstypen verloren ging: Der Körper ist in der Regel ungeheuer robust. Wir können uns kleinere und auch größere Ernährungssünden scheinbar folgenlos leisten, manchmal über lange Zeit. In jungen Jahren können wir uns oftmals regelrecht falsch ernähren, ohne dafür die Rechnung präsentiert zu bekommen. Die Müdigkeit nach dem Essen, die Kopfschmerzen und der Kater hier und da, das Zwicken und Zwacken in den Gelenken morgens, der kleine Hautausschlag, der schnell vergeht, die paar Kilo zu viel – so viele Symptome fürs Nichtvertragen, aber wir nehmen sie schlicht und einfach in Kauf, ohne viel darüber nachzudenken. Erst ab einem Alter von etwa 40 Jahren summieren sich diese Sünden und sind dann nicht mehr so leicht zu ignorieren.

Warum ist nur der Mensch übergewichtig (und manche seiner Haustiere, die sich gegen ihn nicht wehren können)? Unter anderem, weil der Mensch allein die Neigung besitzt, sich selbst nicht zu vertrauen. Ein Mensch, der während der letzten Jahrzehnte ausschließlich nach den Erkenntnissen der Ernährungswissenschaft lebte und seinen Speiseplan, seine Essgewohnheiten nach ihnen einrichtete – dieser Mensch ist heute vielleicht sehr krank oder sehr verwirrt. Ebenso wie jeder Mensch, der sich von Fake-Wissenschaft, Zeitgeist, Schule und dergleichen vorkauen lässt, was falsch und richtig ist – statt Gespür, Selbstvertrauen und freien Willen zu pflegen und zu entfalten.

Die Ernährungstypen im Alltag – Tipps und Tricks: Wir haben früher im Internet eine genaue und ausführliche Liste dessen zugänglich gemacht, was beide

Ernährungstypen ausmacht – was vertragen wird und was nicht. Das hatte aber eine unerwartete Nebenwirkung: Viele LeserInnen glaubten, sich „eindeutig" im falschen Ernährungstyp zu erkennen und ernährten sich dann längere Zeit auf der Basis eines Irrtums. Sie hatten schlicht Gewohnheit mit Verträglichkeit verwechselt – nach dem Motto: „Kaffee vertrage ich, weil ich den schon seit 30 Jahren trinke."

Solche Sackgassen können wir nicht verantworten und haben deshalb den Service eingerichtet, den Ernährungstyp zweifelsfrei zu ermitteln, mithilfe eines Fragebogens, den wir persönlich auswerten (siehe Seite 67).

Die pauschal verbreitete Empfehlung, mehrere kleine Mahlzeiten über den Tag zu verteilen, ist blanker Unsinn und für Alpha-Typen langfristig schädlich. Beim Alpha-Typ ist die Verdauung noch friedlich beschäftigt, da belastet ihn schon die nächste Ladung. Sie kann gar nicht zur Ruhe kommen, der Mensch kann gar kein gesundes Hungergefühl entwickeln, die Geschmacksnerven verlieren ihre natürliche Unterscheidungsfähigkeit und verkommen zu reinen Genussorganen.

Echter Hunger wäre so wichtig, weil er ein klares Signal birgt, nämlich die Information, *worauf* der Körper hungrig ist! Wer keinen Hunger mehr aufkommen lässt, erfährt nie, was er braucht und was nicht. Deshalb wäre es sinnvoll, mit dem Rhythmus der Mahlzeiten stets so umzugehen, dass man nur etwas isst, wenn man Hunger hat.

Es gibt viele Menschen, die vertragen es problemlos, mehrere kleine Mahlzeiten über den Tag zu verteilen und haben dabei auch tatsächlich echten Hunger. Die Banane oder die Honigsemmel zwischendurch machen ihnen nichts aus. Wenn Sie sich darin wiedererkennen, sind Sie wahrscheinlich ein Omega-Typ. Ausnahme: Wenn Sie mit Übergewicht kämpfen, haben Sie vielleicht nur eine Gewohnheit entwickelt, die Ihnen persönlich schadet. Wenn Sie dagegen mit ein oder zwei größeren Mahlzeiten am Tag klarkommen und dazwischen nichts brauchen, ist die Wahrscheinlichkeit groß, dass Sie ein Alpha-Typ sind.

Das Wissen um den eigenen Ernährungstyp hilft, Körper, Geist und Seele zu wecken und die Lasten abzustreifen, die uns niederdrücken. Es ist eine große Hilfe, um endlich wieder die Zügel in die Hand zu nehmen, ein Leben in Unabhängigkeit und Selbstverantwortung zu führen. Essen Sie, was Ihnen guttut und nicht, was Ihnen vorgeschrieben wird. Eiweiß beispielsweise ist am hochwertigsten in pflanzlicher

Form. Die Wissenschaft weiß es schon längst. Die Schulmilch beispielsweise ist ein Verbrechen an unseren Kindern! Und Obstsäfte vertragen sie oft nicht, weil auf den Ernährungstyp der Kinder keine Rücksicht genommen wird. In den meisten Säften ist ein hoher Anteil Apfelsaft, den Omega-Typen auf Dauer nicht vertragen. Obendrein bekommen sie nur selten Säfte in Bio-Qualität.

Haben Sie einfach den Mut, das Wissen Ihrer Ahnen zurückzuerobern. Es ist unser aller Geburtsrecht, Sie müssen nicht auf den Segen von oben warten. Einfach ausprobieren – und schon erfahren Sie den Segen unmittelbar, spätestens nach ein paar Tagen, wenn Ihr Körper wieder aufgeatmet und Vertrauen zu Ihnen gefasst hat, nach so langer Zeit der Vernachlässigung. Es ist unser Versprechen: Was Sie dadurch an Lebensqualität und Lebensfreude gewinnen, möchten Sie nicht mehr hergeben!

Wie finden Sie heraus, ob Sie ein Alpha- oder Omega-Typ sind?

Anhand der beiden Tabellen in diesem Kapitel (Seite 60/61) können Sie mit einer ehrlichen Antwort auf diese Frage schon sehr weit kommen. Trotzdem kommt es immer wieder vor, dass Unsicherheit bleibt, etwa wenn man als Omega-Typ ein typisches Alpha-Lebensmittel liebt und auch gut verträgt, zum Beispiel Karotten.

Für diesen Fall haben wir nicht nur ein eigenes Buch geschrieben, das wir Ihnen wärmstens ans Herz legen möchten: „Alpha-Omega-Formel" (Gräfe & Unzer Verlag, mit 100 Rezepten und vielen Tipps zur Anwendung des Wissens im Alltag).
← Zur Leseprobe:

Wir haben zudem mit einem Fragebogen vorgesorgt, den Sie auf unserer Website direkt ausfüllen können und den wir persönlich für Sie auswerten. Auf das Ergebnis können Sie sich dann verlassen. Besuchen Sie uns unter www.paungger-poppe.com und klicken Sie auf „Service". Oder scannen Sie mit dem Smartphone diesen Code, der direkt zum Fragebogen führt: →

5

Bewegung in Harmonie

Die Mondgymnastik für jedes Alter

» Warum ich zuletzt am liebsten mit der Natur verkehre, ist, weil sie immer recht hat und der Irrtum bloß auf meiner Seite sein kann. «

(GOETHE)

Gesunde Ernährung nach Ihrem Ernährungstyp ist die eine Seite der Medaille. Die andere ist ein Mindestmaß an gesunder Bewegung. Das Naturgesetz lautet: „Was ich nicht gebrauche, verkommt." Das gilt für ein Fahrrad genauso wie für unseren Körper. Viele glauben immer noch an das Märchen, dass sich Gelenke „abnutzen" können. Im schlimmsten Fall scheuen sie Sport und Gymnastik und Fitnessübungen, wenn es einmal zwickt und knackt. Nicht die Gelenke sind es, die sich abnutzen, sondern die armen Gelenke müssen wegen Bewegungsmangel und falschem Essen als Lagerstätte für Purinkristalle und andere Abfallstoffe herhalten. Sie „verrosten" fast buchstäblich, das ist es, was scheuert. Aber wir haben eine gute Nachricht. Das Geheimnis dieser Gymnastik liegt im *richtigen Zeitpunkt*. Sie weist einen einfachen und direkten Weg zur körperlichen Aufwärtsspirale.

Fragen Sie einmal Menschen über 50, die schlank und fit, gelassen und lebensfroh geblieben sind, nach ihrem Geheimnis. Sie werden herausfinden, dass es fast ausnahmslos in einer Kleinigkeit besteht, die sie täglich durchführen. Es sind keine Besuche im Fitnessstudio, und es ist auch keine besondere Diät. Die „Mondgymnastik" ist eine solche Kleinigkeit.

Josef Koller, Johannas Großvater, wurde 89 Jahre alt. Zeit seines Lebens musste er niemals einen Arzt aufsuchen. Bis zu seinem Tod arbeitete er auf dem Hof der Familie. Bis zum Schluss hatte er eine kerzengerade Körperhaltung, um die ihn so mancher 50-Jährige heute beneiden würde. Viele seiner Geheimnisse für robuste Gesundheit und Tatendrang bis ins hohe Alter haben wir gelüftet, darunter auch die Mondgymnastik. Sie trug zwar nicht diesen Namen, richtete sich aber nach dem Mondstand im Tierkreis. Sie ist ein müheloser Weg zu jugendlicher Fitness und für jeden geeignet. Wir versprechen nicht zu viel: Drei Minuten Gymnastik in Harmonie mit dem richtigen Zeitpunkt sind genug!

Sie kennen die Regel mittlerweile: *Alles, was man für das Wohlergehen jener Körperregionen tut, die von dem Tierkreiszeichen regiert werden, das der Mond gerade durchwandert, ist doppelt so sinnvoll und wirkt mit doppelter Kraft.*

Mit anderen Worten: Es gibt Bewegungsabläufe, die zum richtigen Zeitpunkt optimal wirken und die Fitness steigern, während sie zu anderen Zeiten nichts nutzen, oder gar schaden. Steht der Mond zum Beispiel im Tierkreiszeichen Schütze, liegen

Schwingungen in der Luft, die besonders die Oberschenkel zum Leben erwecken, während andere Körperregionen zu dieser Zeit weniger von der speziellen Kraft profitieren. Die Übung für die Schütze-Tage wirkt dann wie ein Verstärker, der die Schwingungen bündelt und als besondere Weck- und Entwicklungsimpulse an die Oberschenkel „weiterreicht".

Es hat also nicht viel Sinn, eine Gymnastik für die Hüfte an Fische-Tagen zu starten oder eine Übung für die Schultern an Wassermann. Nur wenn Zeitpunkt und Art der Übung im Einklang sind, fühlt der Körper ihren Sinn und Wert. Das ist das ganze Geheimnis!

Jeder kann zu jedem Zeitpunkt mit diesen Übungen beginnen, ob er nun 8 oder 80 Jahrc alt ist. Das Wissen um die Bewegung zum richtigen Zeitpunkt weist Ihnen einen einfachen und direkten Weg aus der Abwärtsspirale körperlicher Beschwerden. Ein leichter und zugleich erfolgreicher Weg mit einfachsten Mitteln, mühelos erlernbar in jedem Alter! Bewegen Sie sich täglich drei Minuten in Harmonie mit den Mondrhythmen. Eine längere Vorbereitung und Einübung ist dafür nicht nötig.

Wann wirkt die Mondgymnastik auf welche Körperregionen

Mond im Tierkreis	Mondgymnastik verbessert:	Mondgymnastik hilft gegen:
Widder	Sehkraft	Sehschwäche
Stier	Immunkräfte der Mandeln, Beweglichkeit von Hals und Nacken	Allergien, steifen Nacken
Zwillinge	Beweglichkeit im Schulterbereich	Kreislaufschwäche, Müdigkeit
Krebs	Atemkraft, Bauchmuskulatur	Schlaffe Muskulatur an Brust und Armen

Löwe	Kreislauf	Unregelmäßigen Herzschlag
Jungfrau	Verdauung, Bauchmuskulatur	Verstopfung, Blähungen
Waage	Beweglichkeit der Hüften	Hüftschmerzen
Skorpion	Beckenbodenmuskulatur	Gebärmuttersenkung, Blasenschwäche
Schütze	Bindegewebe	Cellulite, zu starke Oberschenkel
Steinbock	Rückenmuskulatur	Bandscheibenvorfall, Rückenschmerzen
Wassermann	Durchblutung der Unterschenkel	Krampfadern, Krämpfe in den Beinen
Fische	Energiefluss der Meridiane im ganzen Körper	Stauungen, Wasseransammlung in den Füßen

Entscheidend ist, dass die Mondgymnastik den Körper *auf Dauer* fit hält! Selbst wenn schon Schäden aufgetreten sind, können die Übungen zu Regeneration und Linderung und zur Befreiung von Beschwerden führen. Sie helfen, die Muskelgruppen von Kopf bis Fuß zu aktivieren und zu entspannen und jeder „Abnutzung“ entgegenzuwirken.

Unabhängig von der Dauer und Intensität, mit der Sie die Übungen machen, werden Sie sich wohl und inspiriert fühlen. Langsam wird ein Körperbewusstsein entstehen – und damit das Selbstvertrauen gestärkt. Die Übungen müssen nicht genau drei Minuten dauern. Im Prinzip genügen zu Beginn sieben Sekunden. Später werden Sie die Gymnastik selbst auf drei Minuten ausdehnen wollen, weil der Erfolg schnell spürbar wird. Fast alle Übungen können zu jeder Zeit an jedem Ort durchgeführt werden. Die Gymnastik für den jeweiligen Tag ist in kürzester Zeit absolviert und Sie fühlen sich, als ob Sie eine Stunde lang fleißig waren.

Sie können sich die Übungen selbst zusammenstellen und die jeweils nach dem Mondkalender „akute“ Körperregion trainieren. Oder Sie lassen sich von der folgenden kleinen Auswahl aus unserem Buch „Fit zum richtigen Zeitpunkt“ inspirieren. In jedem Fall wünschen wir gutes Gelingen!

Grundübung: Unabhängig vom Mondstand beginnt jede Mondgymnastik mit einer Grundübung. Ihr Sinn ist es, täglich und regelmäßig die Aufmerksamkeit auf die wichtigste Energie-„Autobahn“ des Körpers zu lenken, sie zu aktivieren und zu kräftigen – nämlich unsere Wirbelsäule. Zweitens bringen Grundübungen den Kreislauf in Gang – eine der wesentlichsten Voraussetzungen für das Aktivieren und Pflegen schlafender, wenig trainierter Körperregionen.

Selbst wenn Sie sich in den nächsten zehn Jahren nur mit dieser einen Übung täglich zwei Minuten lang befassen, haben Sie nicht wenig getan, um gesund zu werden und zu bleiben. Sie wirkt fast immer stärker als jede Tasse Kaffee oder Tee.

Und so geht's: Legen Sie sich auf den Rücken. Nicht in Ihr weiches Bett, sondern vielleicht auf einen Teppich oder Teppichboden. Oder aufs Parkett mit einem dicken Badetuch als Unterlage. Oder auf eine Yogamatte. Oder was auch immer Ihnen angenehm ist, wenn Sie die Übung schon ausprobiert haben und mit ihr vertrauter geworden sind.

Nicht gut wäre ein zu kühler Untergrund. Fühlen Sie selbst heraus, was letztlich am besten geeignet ist. Dieser Untergrund ist auch der Beste für jede andere Übung in der Mondgymnastik. Wie gesagt, Sie liegen auf dem Rücken, die Arme und Hände seitlich ausgebreitet, die Handflächen auf dem Boden. Ziehen Sie nun die Beine mit angewinkelten Knien zu sich heran, Oberschenkel senkrecht zum Boden, Unterschenkel waagerecht, parallel zum Boden, die Füße in der Luft.

Stellen Sie sich vor, Sie würden im Liegen „sitzen" – dann haben Sie die richtige Haltung für dieses Pendeln Ihrer Hüften nach rechts und links.

Legen Sie beide Beine jetzt langsam zuerst auf die rechte Seite, bis die Außenseite des rechten Knies den Boden berührt. Stellen Sie sich einfach vor, wie Sie die linke Hüftkugel in Richtung Oberschenkel verlängern. Atmen Sie dabei aus.

Atmen Sie ein, während Sie die Beine wieder in die Senkrechte heben, atmen Sie aus, wenn Sie sie jetzt auf die linke Seite sinken lassen.

Dabei liegen die Handflächen weiterhin flach auf dem Boden, die Schultern sollten möglichst den Kontakt zum Boden nicht verlieren. Anfangs ist Letzteres etwas schwierig und auch nicht unbedingt nötig, aber im Laufe der Zeit fällt es leichter. Es ist bei dieser Übung besser, die Schultern vom Boden zu heben, als mit den Knien nicht den Boden zu berühren.

Wenn Sie ein ausgesprochenes Hohlkreuz haben, hilft ein kleines Kissen im Kreuz, um diese Übung optimal durchzuführen.

Wie oft? Die Häufigkeit dieser Übung sollten Sie ganz Ihrem Gefühl überlassen. Manchmal genügt ein drei- bis viermaliges Hin-und-Her-Pendeln, manchmal stellt sich das befreiende Gefühl des Loslassens und des Kraftstroms erst nach acht- bis zehnmal Schwingen ein. Auch das Tempo verändert sich im Lauf der Zeit. Mitunter liebt man es schwungvoller, mitunter sanfter.

Welche Fehler können Ihnen unterlaufen? Nachwippen mit der Hüfte, um möglichst weit hinüberzukommen, ist wie immer schädlich, es bewirkt den gegenteiligen Effekt eines guten Energieflusses durch die Wirbelsäule. Zu viele Muskeln beteiligen sich dann an einem gegenseitigen Blockierspielchen, wie auch bei allen anderen gymnastischen Übungen, bei denen Sie nachwippen.

Wenn es im Bereich der Lenden- oder Brustwirbelsäule bei dieser Übung ein wenig knackst – keine Sorge! Sie haben nur an sich selbst getan, was auch ein geübter Chiropraktiker tun würde: Wirbel befreien und die Energiebahnen durchpusten.

Übung für Widder-Tage: Fassen Sie mit der rechten Hand die Nasenwurzel oder etwas oberhalb, und rubbeln und massieren Sie diese kleine Region sanft oder auch etwas fester, solange Sie daran Spaß haben. Legen Sie zwischendurch eine kleine

Pause ein, und fühlen Sie einmal, welche Wirkung diese einfache Technik hat. Atmen Sie während der Übung langsam und gleichmäßig. Besonders für BrillenträgerInnen eine Wohltat, auch zwischendurch.

Übung für Stier-Tage: Diese Übung ist so einfach, dass man an der fabelhaften Wirkung zweifeln könnte, so sehr haben wir uns schon an das „Komplizierte" im Leben gewöhnt. Setzen Sie sich (mit jetzt schon belebter und aufrechter Wirbelsäule!) gerade hin, am Bettrand, auf dem Sofa oder einem Stuhl. Sie können, wenn es sich bequem anfühlt, diese Übung auch auf dem Boden sitzend ausführen. Falten Sie die Hände hinter dem Kopf, nicht im Nacken, sondern weiter oben. Lassen Sie dabei die Ellbogen entspannt herunterhängen, sodass Sie sie aus den Augenwinkeln sehen können.

Und nun erlauben Sie dem Gewicht Ihrer Hände und Arme, den Kopf ganz langsam und vorsichtig, ohne Schwung und ohne Gewalt, nach vorn sinken zu lassen – bis es nicht mehr weitergeht, bis der Nacken gedehnt ist und Sie fühlen, wie alles da hinten in der Halswirbelsäule aufwacht und die Energien aus der erwachten unteren Wirbelsäule aufgenommen werden.

Wiederholen Sie diese Bewegung mindestens zweimal – jeweils sieben Sekunden lang. Und atmen Sie beim Herabsinken des Kopfes aus. Fühlen Sie anschließend in sich hinein – wie geht es Ihnen jetzt?

Übung für Zwillinge-Tage: Scheint simpel, wirkt jedoch sagenhaft: Lassen Sie Ihre Arme wie Windmühlenflügel kreisen! Beginnen Sie mit dem rechten Arm, und wechseln Sie dann zum linken. Mindestens siebenmal rückwärts und dann siebenmal vorwärts kreisen, nach Gefühl auch häufiger. Lassen Sie ab dem siebten Mal den Arm schwingen, als ob er von selbst rotiert, ohne Kraftanstrengung.

Vergessen Sie das Atmen nicht; setzen Sie das Kreisen so lange fort, bis sich die Hände gespannt und „aufgeblasen" anfühlen, und hören Sie dann auf. Wieder geht es nicht um sportliche Leistungen!

Abschließend halten Sie die Hände kurz senkrecht in die Luft, bis sie nicht mehr gerötet sind. Und dann fühlen Sie in sich hinein und genießen Sie.

Übung für Krebs-Tage: … ist in vielfacher Hinsicht eine „Energie“-Arbeit. Unter anderem regt sie den Gallen-Meridian an, der durch kaum eine andere Übung so gut in Schwung kommt. Ein weiterer Effekt ist ein schöner Oberkörper.

Heben Sie dazu die Arme in Brusthöhe, umfassen Sie mit der rechten Hand den linken Unterarm und mit der linken Hand den rechten Unterarm. Und jetzt versuchen Sie – auf Brusthöhe bleibend –, mit den Händen den jeweils anderen Arm in Richtung Ellbogen zu schieben. Gleichzeitig leisten Sie aber so viel Widerstand mit den Armen, dass es nicht geht. Schieben Sie den Kopf ganz leicht nach vorn. Steht er nämlich genau senkrecht, so neigen die Nackenmuskeln dazu mitzuarbeiten und sich etwas zu verspannen.

Dabei zählen Sie bis drei, atmen langsam aus, entspannen sich dann und atmen ein. Wiederholen Sie die Übung anfangs siebenmal, später nach Gefühl häufiger. Die Übung ist dann richtig ausgeführt, wenn Sie an der Brust Muskelgruppen sanft gespannt fühlen, von denen Sie nicht wussten, dass sie existieren (vor dem Spiegel gut sichtbar).

Übung für Löwe-Tage: Breiten Sie Ihre Arme seitlich aus. Ganz waagerecht ausstrecken, das ist wichtig! (Vielleicht am Anfang vor dem Spiegel üben, man neigt dazu, die Arme zu hoch zu halten). Mit ausgestreckten Fingern. Als ob Sie herausfinden wollen, wie groß Ihre Flügelspannweite ist. Als ob Sie Ihren besten Freund, Ihre beste Freundin nach langer Abwesenheit willkommen heißen.

Halten Sie die Arme in dieser Stellung anfangs drei, später sieben Sekunden lang. Achten Sie auf einen geraden Nacken – wie ein eleganter Turmspringer. Nicht den Kopf nach vorn schieben wie ein Geier. Nach sieben Sekunden entspannen Sie.

Und jetzt ballen Sie Ihre Fäuste, so fest Sie es für gut halten. In dieser Haltung verharren Sie ebenfalls drei oder sieben Sekunden lang. Öffnen Sie dann wieder die Hände, ganz weit, alle Finger ausgestreckt, so weit es geht. Ihre größte Spannweite! Wieder drei Sekunden lang oder sieben. Zwischendurch die Arme ausschütteln.

Wiederholen Sie diese Übung so oft, bis Sie in den Unterarmmuskeln den Energiefluss spüren. Oder ganz nach Gefühl, am besten zu Beginn insgesamt nur eine Minute lang. Die Atmung kann sich nach Gefühl entwickeln, bei uns funktioniert das Einatmen beim Ballen der Fäuste gut, das Ausatmen beim Ausstrecken der Finger. Und fühlen Sie dann, was diese Übung und Ihr Körper jetzt für Sie tun.

Diese Übung ist eine der besten Kreislaufübungen, die wir kennen. Wenn Sie einmal müde sind und sich keine Erholungspause leisten können oder wollen, wenn Sie gleichzeitig auf Kaffee verzichten wollen, dann kann Ihnen diese Übung in Minutenschnelle zum nötigen Schwung verhelfen.

Übung für Jungfrau-Tage: Sie befinden sich in Rückenlage, Arme eng am Körper liegend. Strecken Sie nun zuerst ein Bein, dann alle beide in die Luft und bewegen Sie jetzt die Beine, wie Sie es wollen. Zusammen, gegrätscht, beugen und strecken Sie die Beine abwechselnd. Die wichtigste Bewegung ist hier die Schere.

Stellen Sie sich vor, Ihre Beine seien Bambusstangen, die elastisch im Wind hin und her schwanken. Die Lendenwirbelsäule und das Gesäß bleiben dabei flach auf dem Boden liegen. Die Atmung ist hier nicht ganz so wichtig, Sie sollten nur keinesfalls den Atem anhalten, während Sie die Beine bewegen: die ideale Übung für straffe Bauchmuskeln.

Übung für Waage-Tage: … ist ganz einfach: Im Stehen ein Knie möglichst bis zur Brust hochziehen, dabei ausatmen. Erst rechts, dann links, jeweils sieben Sekunden lang und dreimal. Einatmen, wenn Sie mit beiden Beinen auf dem Boden stehen.

Dabei können Sie sich selbstverständlich irgendwo ganz leicht anlehnen, wenn das Gleichgewicht noch nicht stimmt. Man kann die Übung auch sehr schnell machen und abwechselnd die Knie hochziehen. Das fördert gleichzeitig die Verdauung. Sie werden im Lauf der Zeit merken, wie sehr die Mondgymnastik-Übungen zur Verbesserung des Balancegefühls beitragen.

Übung für Skorpion-Tage: Sie wirkt wunderbar auf die inneren Organe, auf Bauchmuskeln und Lendenwirbelsäule und bringt im ganzen Körper Energien zum Fließen. Legen Sie sich dazu auf den Rücken, und ziehen Sie die Füße an. Heben Sie nun das Gesäß von der Unterlage ab, und atmen Sie ein. Dabei nicht durchhängen, aber auch nicht den Bogen überspannen.

Halten Sie das Becken gerade, wenn Sie nun das rechte Bein ausstrecken und dabei parallel zum linken Oberschenkel bringen. Zählen Sie ruhig im Ausatmen bis sieben; setzen Sie das rechte Bein ab, und strecken Sie nun das linke Bein aus, parallel zum rechten Oberschenkel – ohne das Gesäß inzwischen auf den Boden zu senken. Wieder bis sieben zählen, das linke Bein absetzen und langsam das Gesäß ebenfalls auf den Boden senken.

Bis sieben zählen und dann die Übung von vorn beginnen. Insgesamt dreimal. Anfangs ist es erlaubt, das Gesäß auf dem Boden zu lassen. Hauptsache, Sie beginnen diese Übung. Bei schwachen Muskeln sehr wichtig!

Übung für Schütze-Tage: Legen Sie sich zuerst auf die linke Seite. Strecken Sie den linken Arm nach oben aus, und lassen Sie den Kopf bequem auf ihm ruhen.

Atmen Sie ein, beugen Sie nun das rechte Bein nach hinten ab, fassen Sie den Spann des rechten Fußes und ziehen Sie das Bein zum Gesäß nach hinten. Das tun Sie, bis es an der Vorderseite des rechten Oberschenkels leicht zieht.

Beginnen Sie dann erst auszuatmen und langsam bis sieben zu zählen. Auf die andere Seite legen und das Bein wechseln. Die Übung führen Sie wieder dreimal durch (oder siebenmal oder einundzwanzigmal, wenn es Ihnen Freude macht).

Übung für Steinbock-Tage: Die „Bankstellung“: Diese Übung bringt Energien im ganzen Körper zum Fließen und ist auch wunderbar geeignet zur Kräftigung der Rückenmuskulatur und bei beginnendem Bandscheibenvorfall.

Sie nehmen den Vierfüßlerstand ein; die Hände liegen senkrecht unter den Schultergelenken, die Knie auf dem Boden unter den Hüftgelenken. Die Ellbogen sind leicht gebeugt, das Gewicht sollte gleichmäßig auf allen vieren verteilt sein. Blicken Sie nach unten zum Boden.

Genug der Vorbereitung: Strecken Sie nun den rechten Arm und das linke Bein ganz gerade aus – waagerecht, sodass Arm, Rücken und Beine eine möglichst gerade Linie parallel zum Boden bilden. Nicht ins Hohlkreuz fallen und nicht das Becken verdrehen. Nach Gefühl können Sie diese Übung mit gestreckten Zehen oder gestreckter Ferse (und Zehen nach unten) durchführen.

Atmen Sie langsam aus, zählen Sie bis sieben und wechseln Sie dann Arm und Bein. Dazwischen immer kurz entspannen und einatmen, dabei ebenfalls bis sieben zählen – das Ganze nun jeweils dreimal. Machen Sie zum Schluss vor dem Aufstehen langsam einen Katzenbuckel.

Übung für Wassermann-Tage: ... heißt der „Oberlehrer“: Wippen Sie mit den Füßen im Stehen auf und ab, halten Sie dabei die Knie gestreckt. Zehenspitzen hoch, Fersen hoch, Zehenspitzen hoch, Fersen hoch und so fort. Siebenmal auf und ab. Dann erst eine Pause einlegen. Dabei gleichmäßig weiteratmen.

Die Übung ist wirksam mit oder ohne Abstützen, wenn das Gleichgewicht noch fehlt. Wiederholen Sie sie so oft Ihr Gefühl es Ihnen erlaubt. Der „Oberlehrer“ ist eine wunderbare Übung für den ungehinderten Rückfluss in den Venen und bei Lymphstau.

„Fit zum richtigen Zeitpunkt“ – so heißt das Buch, in dem wir Ihnen Bewegung in Harmonie mit Mond- und Naturrhythmen vorstellen. Beigelegt ist ein Plakat mit Illustrationen aller Übungen als Merkhilfe.

← Zur Leseprobe

Übung für Fische-Tage: Schlagen Sie im Sitzen oder Liegen den rechten Fuß über das linke Knie, und kreisen Sie mit dem rechten Fuß. Zuerst sieben Sekunden lang im Uhrzeigersinn, dann sieben Sekunden lang entgegengesetzt. Wechseln Sie anschließend das Bein und den Fuß. Wiederholen Sie diese Übung, solange es Ihnen gefällt. Sie bringt alle Meridiane zum Fließen und ist auch als regelmäßige Grundübung geeignet, noch bevor Sie morgens aufstehen.

Damit hat sich der Kreislauf geschlossen – von Widder bis Fische, ein kompletter Zyklus. Im Lauf eines Monats können Sie dem Körper gezielt geben, was er braucht – vom Kopf bis zu den Zehen. Lassen Sie die Kräfte des Universums für sich arbeiten – bei einem Minimum an Gegenleistung, nämlich einigen Minuten täglich in Ihrem Leben. Lassen Sie es uns hart, aber ehrlich formulieren: Wenn Sie selbst sich nicht täglich eine solch kurze Zeitspanne gönnen, wird die Natur Sie früher oder später dazu zwingen, sich einige Tage und Wochen „Auszeit“ zu nehmen. Und zwar dann, wenn Sie es am wenigsten wünschen.

6

Schönheits- und Körperpflege

Im Wellenschlag natürlicher Rhythmen

» Wahre Schönheit? Sie existiert. Sie erschließt sich aber erst, wenn alles Vergleichen aufhört und das Herz frei ist. «

(DER ÜBERSETZER)

Dass das Wissen „vom richtigen Zeitpunkt“ auch im Bereich natürlicher Körperpflege so erfolgreich ist und vor allem schnell erfahrbare Wirkung zeigt, hat sicher zur Neubelebung und schnellen Verbreitung des Wissens beigetragen. Nägel schneiden zum richtigen Zeitpunkt? Nach sechs Wochen spätestens weiß jede Leserin und jeder Leser, wovon wir sprechen.

Es gibt ja in jedem Alter viele gute Gründe, sich liebevoll und ausgiebig dem eigenen Äußeren zu widmen: Zum Beispiel möchte man einen guten „ersten Eindruck“ machen, denn oft ist er entscheidend für das berufliche Fortkommen. Oder man möchte, dass jenes Bild, das das „Spieglein an der Wand“ zurückwirft, die eigenen kleineren und größeren Eitelkeiten befriedigt. Nicht zuletzt aber steht ein gepflegtes und frisches Äußeres in jedem Alter für eine klare Aussage: „Ich bin es mir wert! Ihr seid es mir wert! Das Leben ist es mir wert.“

Wir möchten Ihnen an dieser Stelle ein Rezept für Schönheit verraten, ein wahres Elixier für eine gesunde Haut und einen gesunden Körper. Ein Naturgesetz lautet: Was uns glücklich macht, macht auch unseren Körper glücklich. *Umgeben Sie sich deshalb mit dem, was Sie glücklich macht.*

„Aber das kann man sich doch meist nicht aussuchen!“, denken Sie jetzt vielleicht. Stimmt. Deshalb lautet das zweite Schönheitsgeheimnis: *Dem Notwendigen und dem Zufälligen im Leben so begegnen, als hätte man es sich ausgesucht.* Die Frage ist: Warum umgeben wir uns nicht ständig mit dem, was uns glücklich und schön macht? Ganz einfach: Weil wir uns nicht bewusst machen, *was genau* uns glücklich macht.

Um wirklich glücklich zu werden, müssten wir unabhängig und frei denken können, müssten echte Kompromisse eingehen, ohne Hintertürchen, müssten Verantwortung übernehmen und dann auch noch entsprechend handeln. Viele Menschen wachen langsam auf, aber sie lassen sich bremsen von Gedanken wie: „Was werden die Nachbarn/die Eltern/die Kinder/die Großeltern/was wird der Verein dazu sagen?“ Denken Sie einmal über diese Aussage nach: *Stress bedeutet: Ja handeln und Nein denken. Oder Nein handeln und Ja denken.*

Wahre Schönheit beginnt, wenn Sie Ja denken und Ja handeln und Nein denken und Nein handeln. Wir können im Leben nicht alles haben, aber wir können die Courage aufbringen, uns für Ja oder Nein zu entscheiden.

Graue Haare machen uns nicht alt. Nein, es ist unsere Ausstrahlung, die uns leuchtend oder alt wirken lässt. Das Geheimnis wahrer Schönheit liegt in Ihrem Inneren. Viele Tipps in unseren Büchern helfen Ihnen, den Weg zu innerer Schönheit mit dem Weg zu äußerer Schönheit zu vereinen. Wenden wir uns jetzt einigen guten Werkzeugen für ein gutes Aussehen zu. Damit Sie sich immer wohl in Ihrer Haut fühlen.

Schönheitspflege nach dem Mond

Maniküre und Pediküre

Ideal: Freitags nach Sonnenuntergang.

Günstig: Bei Steinbock.

Ungünstig: Bei Zwillinge, Krebs und Fische, und Samstagvormittag bis 12 Uhr, außer wenn gerade Steinbock herrscht – dann ist der Samstag neutral.

Vorteile der Wahl des richtigen Zeitpunkts: *Nagelprobleme verschwinden, die Nägel werden fest und brechen kaum noch. Besondere Nagelpflegemittel sind überflüssig. Selbst bei gröberer Handarbeit bekommen Sie keine Probleme mehr. Nicht vergessen: Der richtige Zeitpunkt ist das eine Geheimnis gesunder Nägel. Eine menschengerechte Ernährung mit Bio-Lebensmitteln das andere!*

Was geschehen kann, wenn Sie eine ungünstige Zeit wählen: *Die Nägel reißen oft ein, brechen ständig ab oder spalten sich. Selbstverständlich kann man nicht immer nur am Freitag Nagelpflege betreiben, aber andere Tage sollten die Ausnahme bleiben! Wenn Sie die Nägel zum falschen Zeitpunkt versorgt haben, feilen Sie sie am Freitagabend kurz nach, auch wenn es nicht nötig scheint. Vielleicht sind Nagelprobleme auch deshalb so verbreitet, weil Nägel häufig zum ungünstigsten Zeitpunkt gepflegt werden, nämlich an Samstagen.*

Der ideale Zeitpunkt für die Nagelpflege ist jeder Freitagabend nach Sonnenuntergang. Diese alte Regel hat nichts von ihrer Gültigkeit verloren – eher im Gegenteil: Aus den Zuschriften unserer LeserInnen lässt sich schließen, dass sie so schnell und unfehlbar funktioniert, dass sie für viele die allerbeste „Einstiegsdroge" in das Wissen war. Sie brachte die Inspiration, tiefer in die Materie einzusteigen.

Tiefenreinigung der Haut

Ideal: Bei abnehmendem Mond in Steinbock.

Günstig: Bei abnehmendem Mond inklusive Neumond.

Ungünstig: Bei zunehmendem Mond inklusive Vollmond.

Schlecht: Bei zunehmendem Mond oder Vollmond in Löwe.

Vorteile der Wahl des richtigen Zeitpunkts: *Sie können sich im wahrsten Sinne des Wortes auf „porentief rein" einstellen. Die Haut wird auf schonende Weise sauber. Die Poren vergrößern sich nicht, werden manchmal sogar kleiner. Die Haut ist besser durchblutet und geschmeidig. Nach einer Tiefenreinigung zum richtigen Zeitpunkt wirken Cremes optimal. Wenn Sie hochwertige, natürliche Pflegemittel verwenden, die schonend mit der Haut umgehen, genügt die „normale" tägliche Reinigung. Eine Tiefenreinigung ist dann nur kurz vor Neumond angebracht.*

Was geschehen kann, wenn Sie eine ungünstige Zeit wählen: *Eine Tiefenreinigung hinterlässt ein Gefühl der Unzufriedenheit. Die Haut wird eher gereizt, die Poren vergrößern sich mit der Zeit und werden noch empfindlicher. Schmutz und Umweltreizstoffe dringen leichter ein. Es kommt häufiger zu Entzündungen und störendem Juckreiz.*

Lymphdrainage

Ideal: Bei abnehmendem Mond in Zwillinge, Waage und Wassermann.

Günstig: Bei abnehmendem Mond einschließlich Neumond.

Ungünstig: Bei zunehmendem Mond.

Schlecht: Bei zunehmendem Mond und Vollmond in Zwillinge, Waage und Wassermann.

Vorteile der Wahl des richtigen Zeitpunkts: *Eine Lymphdrainage ist eine wahre Wohltat! Sie entspannen sich, während Ihr Körper optimale Entgiftungsarbeit leistet. Man fühlt sich hinterher schwebeleicht. Trinken Sie vor und nach der Behandlung viel klares Wasser, weil die Lymphbahnen bei der Transportarbeit Unterstützung brauchen.*

Was geschehen kann, wenn Sie eine ungünstige Zeit wählen: *Schlimmstenfalls kann sich sogar ein gefährlicher Lymphstau einstellen. Die Lymphbahnen sind irritiert und blockiert. Geschwollene Lymphknoten lassen sich nur schwer* lösen. In der Zwischenzeit können sie auch schmerzen. Wer beispielsweise nach einer Brustamputation den falschen Zeitpunkt für eine Lymphdrainage wählt, hat viel länger Probleme.

Haare schneiden

Ideal: Bei Löwe und Jungfrau.
Günstig: Bei Stier, Steinbock.
Ungünstig: Krebs, Wassermann und Fische.

Vorteile der Wahl des richtigen Zeitpunkts: *Dichtes und gesundes Haar ist Ihr Lohn. Die Spitzen brechen nicht und sie spalten sich nicht. Im Laufe der Zeit bekommen die Haare immer mehr Glanz, die Frisur hält besser. Auch der Haarausfall verringert sich und die lästigen Schuppen bleiben aus.*

Was geschehen kann, wenn Sie eine ungünstige Zeit wählen: *Die Haare werden im Laufe der Zeit dünner und gleichzeitig widerspenstig. Fettige Haare werden noch fettiger, trockene Haare noch spröder. Die Gefahr der Schuppenbildung wächst. Man fühlt sich wie im Hamsterrad: viel Aufwand – kein ansprechendes Ergebnis.*

Tipps und Tricks: Kopfhaare verlassen uns oftmals, weil der Körper zu wenig Vitamine und Mineralien bekommt. Bei Frauen führt ein Mangel zu Orangenhaut an den Oberschenkeln, während bei Männern die Mineralien-Hauptspeicher geleert werden. Einer der wichtigsten Speicher ist dabei der Haarboden. Der Körper bedient sich aus dieser Vorratskammer, weil wir sonst in kurzer Zeit Nierenkoliken, Vergiftungs- und Ausscheidungsprobleme bekommen würden. Sich über Jahre und Jahrzehnte falsch zu ernähren, führt also zwangsläufig zu Haarausfall. Genetisch bedingter Haarausfall ist eher die Ausnahme. Was vererbt wird, sind Ernährungsgewohnheiten (dazu siehe auch Seite 62 ff.).

Zusammengefasst lässt sich sagen: Essen Sie vitamin- und mineralreiche Nahrungsmittel wie Bio-Früchte und Bio-Gemüse und gehen Sie an Löwe-Tagen zum Haareschneiden – und Sie werden sich wundern, wie schön und gesund Ihre Haare werden und bleiben. Versorgen Sie sich über die Ernährung mit Bio-Lebensmitteln mit ausreichend Vitaminen und Mineralien und das Ausdünnen hat ein Ende. Hier ist allerdings Geduld gefragt: Haare werden nicht über Nacht dünn, und sie erholen sich auch nicht über Nacht. Bis zu einer kräftigen Mähne – zum richtigen Zeitpunkt geschnitten und von innen gut ernährt – dauert es etwa ein Jahr. Keine Angst: Die ersten Zeichen des Erfolgs, die Ihnen Mut machen werden, erkennen Sie schon sehr bald.

7

Sisyphos unter die Arme greifen

Haushaltsarbeit mit leichter Hand

» Man sollte alle Tage wenigstens ein kleines Lied hören, ein gutes Gedicht lesen, ein treffliches Gemälde sehen und, wenn es möglich zu machen wäre, einige vernünftige Worte sprechen. «

(GOETHE)

Wir müssen uns Sisyphos als einen glücklichen Menschen vorstellen." Ein berühmter Satz aus einem berühmten Buch.[6] Nein, wir können Ihnen nicht versprechen, dass Sie nach der Lektüre dieses Kapitels und der Anwendung der Regeln zum richtigen Zeitpunkt von Hausarbeit automatisch ein glücklicher Mensch sein werden. Aber dass sie sehr viel leichter von der Hand gehen wird, dass ihre Ergebnisse länger anhalten, dass Sie viel weniger Chemie brauchen werden – das können wir fast garantieren.

Großes Organisationstalent, viel Geduld, die geheime Kunst, Routine mit Sinn zu erfüllen, Hingabe an Notwendiges, handwerkliches Geschick – die Liste der für eine Haushaltsführung notwendigen Fähigkeiten könnte noch länger sein und endet vielleicht mit Z wie Zauberei, weil es auch darum geht, aus allem immer das Beste zu machen und Wunder zu vollbringen. „Hausfrau" oder „Hausmann" – ein Berufsbild, dessen Anforderungen die vieler anderer Berufe in den Schatten stellt.

Fast muss man sich fragen, warum „Hausfrau" immer noch keine Berufsbezeichnung ist, die man stolz auf Visitenkarten druckt? Traurig, denn ein gut geführter, von Talent und Geist beseelter Haushalt, der für alle Bewohner zur Oase und Kraftquelle wird, ist ein großer Segen! Was aber tun, wenn die Hausarbeit beständig als Sisyphos-Arbeit empfunden wird, die den letzten Nerv raubt?

Sisyphos? Der hatte es leicht! Eine Kugel den Hügel rauf- und runterrollen? Kein Problem! Aber es gibt auch andere Herausforderungen: Hausputz, Wäsche waschen, bügeln, abspülen, Fenster putzen, sortieren, aufräumen, kochen, die Kinder für die Schule vorbereiten, Blumen gießen, Keller und Dachboden entrümpeln, Haustiere pflegen und hegen – nein, die Liste ist noch lange nicht vollständig. Hausarbeit wäre für Sisyphos sicherlich ein größerer Alptraum gewesen, als die Kugel zu rollen – nicht nur, weil er ein Mann war.

Vielleicht gelingt es uns auf den folgenden Seiten, Sie zu inspirieren und Ihnen eine neue Sicht der Dinge zu ermöglichen – ganz abgesehen von den großen Erleichterungen, die das Arbeiten zum richtigen Zeitpunkt mit sich bringt, körperlich wie seelisch.

Das alles wäre so wichtig! Hausarbeit ist nämlich auch eine Form der „Energiearbeit". Etwas zu reinigen, sauber zu halten, durchlässig zu halten, leicht auffindbar zu machen, mit Schönheit zu verbinden, zu entrümpeln – wenn Ihnen all das im Haushalt gelingt, gelingt Ihnen das automatisch und unweigerlich auch in Ihrem ganzen Leben. Die gute Nachricht aus dem Wissensschatz unserer Vorfahren lautet jetzt und hier: *Hausarbeit in Harmonie mit den Mondrhythmen lässt sich leichter, müheloser, erfolgreicher und dauerhafter als zu anderen Zeiten erledigen!*

Im Wesentlichen gibt es im Haushalt zwei Arbeitsfelder – die täglichen Pflichten und die saisonalen „Großprojekte". Die Arbeit zum richtigen Zeitpunkt kann in jedem Bereich kleine Wunder wirken, aber bei den größeren Vorhaben ganz besonders. Dabei ist es gleichgültig, ob es darum geht, Schränke auszuräumen, Fenster zu putzen oder Holzböden neu einzulassen. Sie sparen sich viel Zeit, viel Ärger, viel Geld und der Umwelt eine große Belastung.

Starke Wirkung hat der richtige Mondstand auch bei den meisten anderen Tätigkeiten im Haus, wie wir Ihnen an Beispielen auf den folgenden Seiten erläutern werden! Im Laufe der Zeit werden Sie Erfahrungen sammeln, Zusammenhänge deutlich wahrnehmen und wachsende Inspiration erleben durch die Erfolge. Sie werden sogar lernen, die banalsten Routinearbeiten mit den Regeln des richtigen Zeitpunkts zu verbinden, zum Beispiel, indem Sie bei abnehmendem Mond etwas intensiver staubsaugen, während Sie bei zunehmendem Mond einfach „salopper" arbeiten können.

Ob es darum geht, Schränke auszuwischen, Fenster und Schuhe gründlich zu putzen, die große Wäsche zu erledigen, die Vorratskammern neu zu sortieren, Vorhänge zu waschen oder Couch und Teppiche zu reinigen – zum richtigen Zeitpunkt ausgeführt, wird alles nicht nur schneller sauber und der Materialeinsatz ist geringer, auch die Gewebe und Materialien werden geschont und alles hält länger. Wer es gerne bequem und easy hat und gleichzeitig in angenehm sauberer Umgebung leben möchte, für den sind die Mondrhythmen eine Offenbarung, das können wir versprechen.

Lernen Sie, den Mondkalender als „Freund und Helfer" zu beschäftigen, und Sie werden sehen, dass vieles dann wie von selbst läuft. Ihre Freunde achten vielleicht schon längst selbst heimlich auf den Mondstand und freuen sich, wenn Einladungen zukünftig nicht gerade auf die besten Putztage fallen. Gehen Sie die Dinge langsam an: Beachten Sie am Anfang nur wenige wichtige Mondregeln und spüren Sie nach, wie gut sie funktionieren. Dies wird Sie motivieren, die Planungen zu erweitern.

Und jetzt: Schmunzeln Sie sich hinein in das folgende Kapitel. Denken Sie sich Ihren Teil, und vergessen Sie nicht, vielleicht doch das eine oder andere auszuprobieren. Es könnte ja funktionieren! Sie gewinnen Zeit, haben mehr Freude an Routinearbeit und sind erfolgreicher, weil alles länger vorhält, Sie sparen Geld. Sie gewinnen – mit einem Wort: Lebensqualität.

Haushaltsarbeit nach dem Mond

Großer Hausputz und Frühjahrsputz

Ideal: Bei abnehmendem Mond an Zwillinge, Waage und Wassermann.

Günstig: Bei abnehmendem Mond inklusive Neumond.

Ungünstig: Bei zunehmendem Mond.

Schlecht: Bei Vollmond in Jungfrau.

Vorteile der Wahl des richtigen Zeitpunkts: *Alles geht leicht von der Hand, die Arbeit ist langfristig erfolgreich. Die Flächen trocknen schneller und gründlich, auch wenn mit viel Wasser gearbeitet wird. Es besteht keine Schimmelgefahr, natürliche Materialien wie Holz werden geschont.*

Was geschehen kann, wenn Sie eine ungünstige Zeit wählen: *Man bekommt schnell das Gefühl, Sisyphosarbeit zu leisten. Nach kurzer Zeit sind Fenster, Türen und Böden wieder unansehnlich. Länger verstaute Kleidung kann modrigen Geruch annehmen (Winterkleidung, Faschingskostüme, Badebekleidung und Ähnliches), Bakterien machen sich breit, und grundsätzlich wird alles leichter feucht.*

Große Wäsche und Problemwäsche

Ideal: Bei abnehmendem Mond an Krebs, Skorpion und Fische.

Günstig: Bei abnehmendem Mond, mit Ausnahme von Löwe und Jungfrau.

Ungünstig: Bei zunehmendem Mond.

Schlecht: Bei Vollmond und an den drei Tagen zuvor, sowie bei Löwe und Jungfrau.

Vorteile der Wahl des richtigen Zeitpunkts: *Ihre Wäsche wird besonders sauber, Pro-*

blemflecken lösen sich leichter, die Fasern werden geschont und das Waschmittel lässt sich restlos ausspülen (wichtig für Allergiker!). Fast immer kommen Sie mit der Hälfte der empfohlenen Waschmittelmenge aus (deshalb niemals nur Waschmittel-Tabs kaufen!).

Was geschehen kann, wenn Sie eine ungünstige Zeit wählen: *Sie brauchen für das gleiche Ergebnis mehr Waschmittel. Problemflecken bleiben oft im Gewebe und die Fasern werden stärker angegriffen. Das Waschmittel lässt sich nicht restlos ausspülen, was Allergien auslösen kann. Der Wunsch, immer das gleiche Waschergebnis zu erhalten, hat der aggressiven Waschmittelchemie Tür und Tor geöffnet, ohne Rücksicht auf die Langzeitfolgen für Mensch und Umwelt.*

Tipps und Tricks: In diesem Zusammenhang eine Empfehlung: Kaufen Sie nur noch gute Qualität und Bio-Materialien, wenn es um Ihre Kleidung und Wäsche geht. Ausgemusterte Kleidung landet in den allermeisten Fällen nicht im Second-Hand-Laden, beim Recycling oder bei Bedürftigen. Sie landet zu 85 Prozent immer noch auf der Müllkippe, und das sind Millionen von Tonnen jährlich.

Fenster und Glas reinigen

Ideal: Bei abnehmendem Mond in Zwillinge, Waage, Wassermann, Widder, Löwe und Schütze.

Günstig: Generell bei abnehmendem Mond inklusive Neumond.

Ungünstig: Bei zunehmendem Mond.

Schlecht: Bei Vollmond.

Vorteile der Wahl des richtigen Zeitpunkts: *Sie sparen Zeit, Geld und Nervenkraft und der Umwelt viele Liter giftiger Chemikalien. Die Arbeit geht leicht von der Hand. Das wirksamste Werkzeug zur Reinigung besteht aus einer Sprühflasche mit Leitungswasser und einem Schuss Spiritus. Das Ergebnis hält länger vor, das Glas bleibt länger sauber.*

Was geschehen kann, wenn Sie eine ungünstige Zeit wählen: *Sie müssen fürs Glas- und Fensterputzen viel Geduld und Gelassenheit mitbringen. Auch unter Einsatz chemischer Reinigungsmittel gelingt die Arbeit nicht so gut wie zum richtigen Zeitpunkt und manchmal macht schon ein einziger Regenschauer alles wieder zunichte. Schlieren lassen sich nicht vermeiden, egal, wie sehr Sie über das Glas rubbeln.*

Tipps und Tricks: Wenn neben den Fenstern auch stark verschmutzte Fensterrahmen an der Reihe sind, würden Sie an einem Wassertag (Krebs, Skorpion, Fische) sowohl für Rahmen als auch für die Fenster gute Ergebnisse erreichen. Wenn es sich dabei um lasierte Naturholz- oder Mondholz-Rahmen handelt, ist das Achten auf den abnehmenden Mond doppelt so wichtig, denn das Holz soll gut trocknen. Das letzte Nachwischen sollte hier mit einem trockenen oder fest ausgewrungenen Tuch erfolgen.

Beim Fensterputz-Papier auf die Qualität achten: Manche Küchenrollen fusseln sehr stark und hinterlassen Spuren auf dem Glas, die wie Staub wirken. Oder sie trocknen nicht sehr gut, was die Arbeitszeit verlängert. Ein altes, vielfach gewaschenes Handtuch funktioniert am besten.

Zimmer- und Balkonpflanzen gießen

Ideal: Bei Krebs, Skorpion und Fische.

Ebenfalls günstig, bei sehr heißer Witterung: Bei Stier, Jungfrau, Steinbock, jeweils am ersten Tag.

Ungünstig: Bei Zwillinge, Waage und Wassermann.

Vorteile der Wahl des richtigen Zeitpunkts: *Ihre Zimmerpflanzen und Balkonpflanzen wachsen robust und sind widerstandsfähiger gegen Schädlinge aller Art. Wasser wird optimal aufgenommen und die Pflanzen erholen sich, auch wenn sie schon etwas ausgetrocknet waren. Die Gefahr von Nässestau und Fäulnis ist geringer. Die Blumen sind nicht verwöhnt und überstehen Trockenperioden, wenn das Gießen einmal vergessen worden ist. Kurze Urlaubsreisen (bis zu 14 Tage) können sie überdauern, ohne dass Sie einen „Babysitter" für die Pflanzen bemühen müssen.*

Was geschehen kann, wenn Sie eine ungünstige Zeit wählen: *Die Pflanzen werden empfindlich. Oft machen sich Schädlinge breit, besonders gerne Läuse. Die Pflanzen faulen schnell oder sind ständig am Verdursten. Das Wasser steht länger im Untersetzer. Auch Umtopfen hilft dann oft nicht mehr.*

Tipps und Tricks: Die Pflege von Zimmerpflanzen in Harmonie mit den Mondrhythmen gehört zu den Aspekten des Mondwissens, die Sie in kurzer Zeit von seiner Gültigkeit überzeugen können. Wer sich mit Pflanzen in Gefäßen umgibt, in Innenräumen, auf Balkon und Terrasse, der *muss* sie bewässern. Nur Mut! Gewöhnen Sie Ihre Pflanzen langsam an den richtigen Zeitpunkt. Um die Umstellung zu erleichtern, können Sie anfangs auch an Stier, Jungfrau und Steinbock gießen, am besten immer mit kalkfreiem Regenwasser oder abgestandenem Wasser. Zimmerpflanzen ins Freie zu stellen, um sie dem Regen auszusetzen, kann sich ungünstig auswirken, weil die Blätter das direkte Befeuchten oft nicht vertragen. Nach einer längeren Urlaubsreise nicht gleich gießen, sondern auf einen Blatttag warten! Pflanzen, die sehr viel Wasser brauchen, am besten am ersten *und* zweiten Blatttag gießen.

Umzug von Menschen und Tieren

Ideal: Bei zunehmendem Mond, mit Ausnahme von Krebs und Löwe und immer mittwochs.
Günstig: Montags, mittwochs oder samstags, mit Ausnahme von Krebs und Löwe.
Ungünstig: Dienstags, donnerstags und sonntags sowie folgende Tage im Jahr (unabhängig vom Mondstand):

Januar: 2 • 3 • 4 • 18	Mai: 3 • 10 • 22 • 25	September: 21-28
Februar: 3 • 6 • 8 • 16	Juni: 17 • 30	Oktober: 3 • 6 • 11
März: 13 • 14 • 15 • 29	Juli: 19 • 22 • 28	November: 12
April: 19	August: 1 • 17 • 21 • 22 • 29	Dezember: 1

Wenn man (beim Umzug von Menschen) den richtigen Zeitpunkt einhält, *dauert die Phase der Eingewöhnung nicht lange. Das ist besonders wichtig für Kinder, die sich neben einer neuen Umgebung und neuen Nachbarn auch an eine neue Schule gewöhnen müssen. Nur selten kommt es zu Problemen, was das Knüpfen neuer Kontakte betrifft. Nervöse Zustände bei Babys bleiben aus, die Nächte verlaufen friedlich.*
Wenn man eine ungünstige Zeit für den Umzug wählt, *macht sich eine nervöse Grundstimmung breit. Manches wird einem zu viel, ohne erkennbaren Grund. Kleinkinder reagieren verstört, manchmal sogar mit dem Ausbruch von Allergien. Ständiges Nörgeln und Jammern verunsichert die Eltern. Ältere Menschen gewöhnen sich manchmal gar nicht mehr um und kränkeln stärker.*

Wenn Sie (beim Umzug von Tieren) den richtigen Zeitpunkt einhalten, *dauert auch hier die Phase der Eingewöhnung nicht lange. Besonders bei Nutztieren ist das Stressniveau viel geringer. Milchkühe beispielsweise geben schon am ersten Tag regelmäßig Milch und bleiben gesund. In der Nacht sind die Tiere ruhig und auch der Appetit bleibt erhalten. Haustiere laufen nicht weg.*

Wenn Sie eine ungünstige Zeit wählen, *werden die Tiere unruhig, was bei großen Nutztieren gefährlich werden kann. Bei Milchkühen kann es zu einem Milchstau kommen. Besonders nachts herrscht keine Ruhe, was wiederum die anderen Tiere nervös macht. Katzen laufen manchmal viele Kilometer zu ihrem alten Wohnort zurück.*

Tipps und Tricks: Ebenso wichtig wie der richtige Zeitpunkt der Übersiedlung von Mensch und Tier ist die Frage, ob man für die neuen Arbeits- und Schlafplätze einen strahlenfreien Ort finden kann. Bevor man also mit Einbaumöbeln jongliert und sich festlegt, sollte ein guter Rutengänger die neuen Räume durchgehen. Oder man vertraut einfach seinem Gefühl und experimentiert mit verschiedenen Plätzen.

Mit Tieren ist es einfacher: Es lässt sich sehr schnell feststellen, ob es ihnen in ihren neuen Ställen behagt oder nicht. Bei vielen Bauern bleiben manche Abteile und Kojen leer, weil die Tiere dort immer wieder Schwierigkeiten machten oder krank wurden (siehe auch Seite 57).

Früher hat man beim Neubezug eines Stalls oder bei einem Almtrieb auf den richtigen Zeitpunkt geachtet, teilweise wird das auch heute noch so gehandhabt. Almauf- oder -abtriebe mit unruhigen Tieren, die womöglich die neugierigen Touristen gefährden, kann sich keine Alpengemeinde leisten! Tiermärkte wurden früher ausnahmslos an einem Mittwoch oder Samstag abgehalten. Das hat sich leider mancherorts „aus organisatorischen Gründen“ geändert, mit sichtbaren Folgen.

8

Vom Nestbau

Hausbau und Heimwerken

» Die Straße sei unter den wärmenden Strahlen der Sonne, der Baum wie ein grünendes Dach, das den rastenden Schatten spendet, sanft sei der Wind, der den Rücken stärkt, hell der Horizont, der zum Weiterwandern ermutigt. Und ein Haus liege am Weg, das Herberge gibt und Geborgenheit auf der weiten Reise – schützend wie die Hand des Herrn, die uns hält. «

(IRISCHER SEGENSSPRUCH)

Besonders im Bereich von Hausbau, Renovieren und Holzverarbeitung kann der richtige Zeitpunkt im Mondrhythmus eine segensreiche Rolle spielen. Sie werden sich Unmengen an Geld und sehr viel Zeit und Ärger sparen – und unsere Umwelt und sich selbst nicht mehr mit Giften und ärgerlichen Gedanken belasten.

Dass Holz ein „empfindlicher" und „pflegeintensiver" Baustoff ist, ist ein Märchen. Sogar Stahlbetonbrücken fallen früher dem Zahn der Zeit zum Opfer als ein Haus aus Holz, das zum richtigen Zeitpunkt geschlagen wurde. Wie sonst wäre es zu erklären, dass überall noch Holzhäuser stehen, die viele Jahrhunderte auf dem Buckel haben? Wer die Richtigkeit der Aussagen prüfen möchte, hat die Möglichkeit, sich ein eigenes Bild zu machen. Um von den unschlagbaren Eigenschaften des Holzes zu profitieren, muss es zudem nicht gleich ein ganzes Holzhaus sein. Viele Innenausbauten und Möbel profitieren ebenfalls vom „richtigen Zeitpunkt", und inzwischen kann man sogar wieder Holzbadewannen kaufen!

Holz ist natürlich nicht das einzige Material im Bereich Hausbau und Heimwerken, dessen Herstellung und Verarbeitung vom richtigen Zeitpunkt profitieren kann, wie Sie auf den nächsten Seiten erfahren werden. Die Liste ist lang vom Beton und Mörtel über Putze, Lacke, Farben bis zu Klebstoffen und Mitteln zur Beseitigung von Schimmel.

Als frischgebackener Hausbesitzer aber auch als Mieter sollte man sich mit dem Gedanken anfreunden, dass Renovierungsarbeiten niemals aufhören. Sie haben ab jetzt die Wahl: Die Arbeit kann Freude machen und ständig neue Herausforderungen bringen – oder sie kann einen zur Verzweiflung treiben. Besser nervenschonend arbeiten, öfter einmal andere ranlassen, sich vergewissern, dass das gewählte Team sein Handwerk auch versteht und sich immer wieder klarmachen: Der Kunde ist König! Stellen Sie einen genauen Zeitplan in Harmonie mit den Mondrhythmen auf und bestellen Sie die Handwerker früh genug. Wir haben selbst ein Haus nach dem Mondkalender gebaut. Es war keinen Tag später beziehbar als ein nicht nach dem Mond geplantes Projekt und hinterher waren manche der beteiligten Handwerker so begeistert, dass sie den richtigen Zeitpunkt zum Bestandteil ihres Angebots für neue Kunden machten.

Ob der Fachmann Hand anlegt oder Sie selbst, ob Sie mit Freunden arbeiten oder die Arbeit völlig aus der Hand geben – das ist alles zweitrangig! Wichtiger sind präzise Informationen, der genaue Überblick über die finanziellen Aspekte und die Beachtung des Mondstands, damit auch alles Bestand hat, was Sie in Angriff nehmen. Das wird Ergebnisse bringen, mit denen jeder auf Dauer glücklich ist.

Letztlich müssen Sie bei Ihren Handwerkern gar keine Überzeugungsarbeit leisten. So wie Ihr Zahnarzt gar nicht wissen muss, warum genau Sie auf einem bestimmten Termin bestehen, so können Sie auch Ihren Handwerkern Zeitpläne in die Hand drücken und sagen: Nur dann und zu keinem anderen Zeitpunkt soll gearbeitet werden. Warum? Weil Sie es so wünschen. Wir wünschen viel Freude beim „Hand anlegen" zum richtigen Zeitpunkt!

Beton und Estrich gießen

Ideal: Bei abnehmendem Mond in den Tierkreiszeichen Stier, Jungfrau und Steinbock.

Günstig: Bei abnehmendem Mond inklusive Neumond, mit Ausnahme der Löwe-Tage.

Ungünstig: Generell bei zunehmendem Mond inklusive Vollmond, aber auch bei abnehmendem Mond in Löwe.

Schlecht: Bei Vollmond in Löwe.

Vorteile der Wahl des richtigen Zeitpunkts: *Beton trocknet gleichmäßig und verbindet sich fest mit dem Untergrund und anderen Flächen. Die Gefahr von Rissbildung ist sehr gering. Holzschalungen, die zuvor fachgerecht eingeölt wurden, lassen sich leichter lösen. Wenn zwar der richtige Zeitpunkt gewählt wird, aber große Hitze herrscht, sollten freiliegende Flächen alle paar Stunden mit Wasser besprengt werden, um ein gleichmäßiges Trocknen zu erzielen.*

Was geschehen kann, wenn Sie eine ungünstige Zeit wählen: *Der Beton trocknet zu rasch, die Gefahr der Rissbildung ist größer. Kurz vor Vollmond betonierte Flächen verbinden sich schlecht mit anderen Stoffen, auch mit bereits getrockneten anderen Betonflächen. Selbst die Verwendung von Fugenbändern erfüllt dann manchmal nicht die Erwartungen. Eingearbeitetes Eisen ist nicht so lange haltbar, es rostet schneller. Eine Spaltenbildung zwischen Hauswänden und angrenzender Betonterrasse ist fast unvermeidlich. Betonierte Treppen senken sich und bilden Risse.*

Verputzen und Ausbessern

Ideal: Bei abnehmendem Mond in Zwillinge, Waage und Wassermann, jeweils am ersten Tag.

Günstig: Bei abnehmendem Mond inklusive Neumond, mit Ausnahme von Krebs, Skorpion und Fische.

Ungünstig: Generell bei zunehmendem Mond inklusive Vollmond, aber auch bei abnehmendem Mond im Krebs.

Schlecht: Bei zunehmendem Mond und Vollmond in Krebs und Löwe.

Vorteile der Wahl des richtigen Zeitpunkts: *Der Putz bleibt fest und dauerhaft. Die Ausbesserungsarbeit hält sehr viel länger, und es bilden sich keine Übergangslinien zwischen neuem und altem Putz. Die Wände trocknen gleichmäßig aus und es entstehen keine Risse.*

Was geschehen kann, wenn Sie eine ungünstige Zeit wählen: *Im Putz können sich Risse bilden, er kann sich schon nach kurzer Zeit wieder lösen. Bei Krebs haftet der Putz schlecht, Löwe ist ungünstig, weil die Trocknung zu rasch verläuft. Der Putz verbindet sich dadurch schlecht mit der Unterlage und bröckelt später wieder ab. Bei Krebs, Skorpion und Fische neigen die Wände zum Feuchtwerden.*

Malerarbeiten, Lackieren, Imprägnieren und Tapezieren

Ideal: Bei abnehmendem Mond inklusive Neumond, mit Ausnahme von Krebs, Skorpion, Fische und Löwe.

Günstig: Bei abnehmendem Mond.

Ungünstig: Bei zunehmendem Mond inklusive Vollmond.

Schlecht: Bei zunehmendem Mond in Krebs und Löwe.

Vorteile der Wahl des richtigen Zeitpunkts: *Alles fügt sich nahtlos zusammen und bleibt fugenlos. Die Tapeten schlagen keine Wellen. Zum richtigen Zeitpunkt verarbeitet, hält die Farbe länger, sie splittert nicht ab und ist witterungsbeständiger. Eventuelle giftige Ausdünstungen sind dann nicht so stark. Die Oberflächen werden glatter, der Materialverbrauch ist geringer. Es kommt kaum zu Übergangsstreifen.*

Was geschehen kann, wenn Sie eine ungünstige Zeit wählen: *Die Farbe bricht manchmal nach kurzer Zeit, sie kann sich ablösen oder schlecht trocknen. Die Farbe splittert ab und ist nicht besonders witterungsbeständig. Giftige Ausdünstungen wirken sich schädlicher auf* *den Organismus aus. Besonders Außenfassaden, die zum falschen Zeitpunkt gemalert wurden, blättern schneller ab. Bei empfindlichen Oberflächen besteht die Gefahr, dass sich lästige Übergangsstreifen bilden.*

Tipps und Tricks: Wer zu Hause oder beruflich schon mit Farben und Lacken gearbeitet hat, wird sicherlich die Erfahrung gemacht haben, dass die Farbe manchmal nach kurzer Zeit bricht, sich ablöst oder schlecht trocknet. Daran sind nicht immer Material, Technik oder Witterung schuld. Jeder erfahrene Maler kennt den Unterschied zwischen abnehmendem und zunehmendem Mond. Bei abnehmendem Mond geht alles leichter von der Hand und der Materialeinsatz ist geringer.

Unterschätzen sollte man auch nichts „Nebensächliches" wie das Pinselreinigen. Pinsel lassen sich bei abnehmendem Mond mühelos reinigen und sind nachher weich, von der Spitze bis zum Ansatz. Für eine gelungene Malerarbeit ist das von großer Bedeutung, aber auch in finanzieller Hinsicht, denn gute Pinsel sind teuer. Eingetrocknete, knochenharte Pinsel, die man „irgendwann noch" saubermachen will, gehören dann der Vergangenheit an. Der richtige Zeitpunkt erspart uns aber nicht die üblichen Vorbereitungsmaßnahmen wie Schleifen, Spachteln, Grundieren und so weiter!

Zäune setzen

Ideal: Bei abnehmendem Mond oder Neumond an Steinbock.

Günstig: Bei abnehmendem Mond und Neumond.

Ungünstig: Bei zunehmendem Mond.

Sehr ungünstig: Bei zunehmendem Mond im Tierkreiszeichen Krebs.

Vorteile der Wahl des richtigen Zeitpunkts: *Die Zaunpfähle werden von selbst immer fester und lockern sich nicht mehr. Sie halten Belastungen wie starken Regenfällen stand, und große Schneemengen können ihnen nichts anhaben. Die Bretter halten ebenfalls besser. Die Nägel verbinden sich so fest mit dem Holz, dass Schrauben überflüssig werden.*

Was geschehen kann, wenn Sie eine ungünstige Zeit wählen: *Die Pfosten lockern sich schon nach kurzer Zeit. Wie von Zauberhand treibt es Nägel wieder aus dem Holz, Bretter lösen sich, manche Nägel fallen ganz heraus. Der Zaun verlangt ständig nach Reparaturen. Unruhige Tiere können einen Zaun schnell zerstören.*

Wegebau, Feldstraßen und Laufplatten

Ideal: Bei abnehmendem Mond oder Neumond an Steinbock.
Günstig: Bei abnehmendem Mond oder Neumond.
Ungünstig: Bei zunehmendem Mond.
Sehr ungünstig: Bei zunehmendem Mond im Tierkreiszeichen Krebs.

Vorteile der Wahl des richtigen Zeitpunkts: *Die Wege bleiben lange sauber, stabil und begeh- und befahrbar. Nach starken Regenfällen sammeln sich keine Pfützen, die gefürchteten Schotterhaufen auf den Seiten bleiben aus. Es gibt keine Unterspülungen. Die Ablaufrinnen bleiben länger sauber, sie versanden auch nach Gewittern nicht.*

Was geschehen kann, wenn Sie eine ungünstige Zeit wählen: *Wege halten nicht viel aus und werden im schlimmsten Fall unterspült. Ständig müssen Löcher aufgefüllt werden, die nach einem starken Gewitter wieder ausgespült sind. Das Befahren wird nach kurzer Zeit zur Geduldsprobe und kann verheerende Auswirkungen auf die Fahrzeuge haben. Die Wegränder sind nicht unter Kontrolle zu bekommen – entweder wachsen sie ein (Gras erobert die Straße) oder der Schotter spült sich ins Feld (Schotter erobert das Feld).*

Tipps und Tricks: Obwohl heute wieder mehr auf die Natur geachtet wird, traut sich mancher Bauherr nicht, auf Beton und Asphalt zu verzichten und einen Naturweg anzulegen. Das Vorurteil lautet meist, die Erhaltung sei zu kompliziert. Dabei konnte dieses Vorurteil nur deshalb entstehen, weil die Kunst des richtigen Zeitpunkts in Vergessenheit geraten war. Tatsächlich verwandeln sich viele Natursteinplatten oder Schotter-Gehwege nach und nach in eine wacklige Angelegenheit.

Architekten könnten von den unterschiedlichen Ergebnissen ein Lied singen. Sie sind es auch, die aufgrund ihrer Erfahrungen die Betonierung und Asphaltierung vorangetrieben haben, weil man dann „seine Ruhe“ hat. Natürlich will niemand ständig ausgewaschene Wege reparieren. Achten Sie beim Verlegen auf den abnehmenden Mond (ideal ist es bei Steinbock zwischen Januar und Juni) und Sie werden lebenslang Freude an Ihrem Naturweg haben.

Von der Grundsteinlegung bis zur Inneneinrichtung – unser Buch „Bauen mit dem Mond“ informiert ausführlich. Zur Leseprobe →

9

Das Geheimnis der Siesta

Der Tagesrhythmus der Organe

» Unsere Zeit entwertet den interessanten ›Aberglauben‹ früherer Zeitalter ganz selbstbewusst. Dabei ist sie selbst nur weniger interessant, jedoch keineswegs weniger abergläubisch. Einst wird sie der ungleich größeren Nachsicht der Betrachtung bedürfen, wenn nämlich spätere Geschlechter eingesehen haben, … bei Gott kein Ding für unmöglich zu halten. «

(CHRISTIAN MORGENSTERN)

Warum empfinden die meisten Menschen etwa um 13 Uhr eine gewisse Müdigkeit? Warum ist es leichter, Kinder vor 19 Uhr ins Bett zu bringen als danach? Warum gehen erfahrene Bergsteiger schon um 3 Uhr nachts auf den Berg? Die Antworten verbergen sich in einem fast vergessenen Naturrhythmus, nämlich dem *Tagesrhythmus der Organe.*

Ähnlich wie der ganze Körper mit seinen Biorhythmen ist jedes Körperorgan einem Rhythmus unterworfen, der ihm im Laufe von 24 Stunden jeweils eine Hoch-Phase und gleich anschließend eine Tief-Phase beschert. Zu bestimmten gleichbleibenden Zeiten arbeiten die Organe zwei Stunden lang besonders wirkungsvoll und gönnen sich sofort anschließend eine Erholungsphase, in der sie etwa zwei Stunden rasten und sich regenerieren. Viele Menschen in allen Teilen der Welt richten sich bewusst oder unbewusst nach den Möglichkeiten und Erfordernissen, die diese Rhythmen mit sich bringen. Und so sehen sie aus:

Organ	**Hoch-Phase**	**Tief-Phase**
Magen	7–9 Uhr	9–11 Uhr
Milz, Bauchspeicheldrüse	9–11 Uhr	11–13 Uhr
Herz	11–13 Uhr	13–15 Uhr
Dünndarm	13–15 Uhr	15–17 Uhr
Harnblase	15–17 Uhr	17–19 Uhr
Nieren	17–19 Uhr	19–21 Uhr
Kreislauf	19–21 Uhr	21–23 Uhr
„Allgemeine Energiesammlung“	21–23 Uhr	23–1 Uhr

Gallenblase	23–1 Uhr	1–3 Uhr
Leber	1–3 Uhr	3–5 Uhr
Lunge	3–5 Uhr	5–7 Uhr
Dickdarm	5–7 Uhr	7–9 Uhr

Wenn Sie nach und nach mit dem Rhythmus der Organe vertraut werden, können Sie zahlreiche der Gesundheit dienende Maßnahmen auch tagsüber zum richtigen Zeitpunkt vornehmen und damit ihre Wirkung noch erhöhen – etwa das Zuführen von Heilmitteln oder das Ausschwemmen von Giften.

So manches rätselhafte Verhalten, das wir alle von uns kennen, findet im Organrhythmus eine einleuchtende Erklärung. Wenn Sie etwa wissen, dass die Müdigkeit zwischen ein und drei Uhr mittags ein gesundes, körperlich bedingtes Signal ist, müssen Sie sich (oder anderen Menschen) kein schlechtes Gewissen basteln, nur weil Sie gerade ein Anfall von Trägheit heimsucht.

Machen wir uns gemeinsam auf einen kurzen Weg durch einen Tageslauf und beginnen ihn, wie es die meisten Menschen tun: Der Wecker klingelt – Frühstückszeit!

Von 7 bis 9 Uhr – Magen

Der Dickdarm nimmt sich nach getaner Arbeit eine kurze Ruhepause, der Magen arbeitet auf Hochtouren und ist bereit für Energienachschub. Aber welche Energien? Wie den Tag beginnen, sodass Schwung und Optimismus Sie den ganzen Tag begleiten? Darüber entscheidet nicht nur die Zusammensetzung Ihres Frühstücks, sondern das Gefühl und die Gedanken, mit denen Sie das Bett verlassen.

Besonders wichtig ist am Morgen die entspannte, stressfreie Atmosphäre. Sie haben immer die Wahl, mit welcher geistigen und körperlichen Nahrung Sie morgens Ihren aufnahmebereiten Magen (und Ihren Geist) belasten oder beschenken. Stehen Sie zeitig auf, um ein gemächliches Tempo zu gehen, duschen Sie in Ruhe, essen und trinken Sie behaglich, was Ihnen schmeckt und Befriedigung gibt. „Mal sehen, was ich diesem Tag zu bieten habe und was er mir bieten kann." Wie wünschen Sie sich Ihren Morgen? Was wollen Sie morgens zu verdauen haben? Essen Sie kein Frühstück, wenn Sie keinen Hunger haben – und zwingen Sie auch Ihre Kinder nicht dazu. Was hindert Sie daran, morgens glücklich aufzustehen? Finden Sie die Antwort und schreiten Sie zur Tat.

Von 9 bis 11 Uhr – Milz und Bauchspeicheldrüse

Milz und Bauchspeicheldrüse (Pankreas) arbeiten unter Volldampf, der Magen rastet. Ein schweres Frühstück wirkt deshalb nach neun Uhr belastend und ermüdend. Die Bauchspeicheldrüse kontrolliert den Blutzuckerspiegel. Wenn man in diesen beiden Stunden den kleinen Hunger mit etwas Süßem stillt, steigt der Blutzuckerspiegel, die Drüse muss schwer arbeiten, um ihn zu senken. Stark Zuckerhaltiges hilft deshalb nur vorübergehend und sorgt nach kurzer Zeit für einen weiteren Leistungsabfall, der oftmals künstlich mit Kaffee überwunden wird – ein belastender Kreislauf. Verzichten Sie auf alles Süße und stark Zuckerhaltige, auch wenn es schwerfällt, zumindest während dieser zwei Stunden.

Eine Merkwürdigkeit ist, dass man während dieser zwei Stunden empfindlicher auf Lieblosigkeit und Kritik reagiert. Wenn dann noch die Wirkung von Süßem hinzukommt, kann sich schnell etwas zusammenbrauen, das auch mit viel Selbstbeherrschung nicht mehr so leicht in den Griff zu bekommen ist.

Dass die Milz vormittags auf Hochtouren arbeitet, hat einen interessanten Nebeneffekt: Blutuntersuchungen finden meist vormittags statt. Fast immer muss man nüchtern erscheinen, und daher ist es nur menschlich, wenn man nicht erst bis zum Nachmittag warten muss, bevor man einen knurrenden Magen besänftigen darf. Dennoch ist zu bedenken, dass das Ergebnis von Blutuntersuchungen immer etwas anders ausfällt, wenn man sie statt zwischen 9 und 11 in der Zeit von 11 bis 13 Uhr (in der Erholungsphase der Milz) vornimmt. So ist etwa die Blutsenkungsgeschwindigkeit höher. Die Unterschiede sind in der Regel nicht gravierend, doch bei manchen Krankheiten beeinflussen sie die nachfolgende Therapie sehr stark, was gerade bei ernsten Erkrankungen von Nachteil ist.

Von 11 bis 13 Uhr – Herz

Belasten Sie in der Hoch-Phase der Herztätigkeit unsere verlässliche Pumpe nicht mit Sattessen bis zum Platzen, sondern essen Sie nur, bis der Hunger gestillt ist. Das Sattheitsgefühl stellt sich ohnehin meist erst fünf Minuten nach dem Essen ein. Erholsame Ruhepausen nach dem Essen sind leider oftmals nicht möglich, doch zumindest einen stressigen Einkaufsbummel könnten Sie auf eine andere Tagesstunde verlegen. Wer nicht körperlich arbeitet, täte gut daran, auf ein Mittagessen aus der Kantine völlig zu verzichten.

Von 13 bis 15 Uhr – Dünndarm

Warum leisten Halbtagskräfte oftmals so viel wie eine Ganztagskraft? Hier folgt die Antwort. Fast alle Menschen haben schon die Erfahrung gemacht: Gegen 13 Uhr kommt es oft zu plötzlicher Müdigkeit und Leistungsabfall, besonders nach einem gehaltvollen Mittagessen. Herztätigkeit und Kreislauf sacken ab, der Dünndarm, der bei vielen Verdauungsprozessen die Hauptlast trägt, will zu seinem Recht kommen, arbeitet besonders gut und wünscht sich vom übrigen Körper eine Pause. Seine Tätigkeit wird vom vegetativen Nervensystem gesteuert, das durch jede Form von Stress und Nervosität gestört und blockiert werden kann. Die beschauliche Siesta der südlichen Länder ist deshalb eine höchst sinnvolle Einrichtung. Dass das Arbeiten zu genau festgelegten Anfangs- und Schlusszeiten erst in unserem Jahrhundert eingeführt wurde, haben wir vergessen. Zumindest längere Mittagspausen könnten Krankenstand und Krankheitskosten unserer Firmen und Institutionen drastisch verringern.

Von 15 bis 17 Uhr – Blase

Die Harnblase, ein wichtiges Entgiftungsorgan, arbeitet von drei bis fünf Uhr nachmittags besonders gut. Getränke für die Blase können Sie auch noch wirkungsvoll bis 19 Uhr trinken, wenn die Hoch-Phase der Nieren das Blasenhoch abgelöst hat.

Alle Tees zur Blutreinigung wirken am besten, wenn sie zwischen 15 und 19 Uhr getrunken werden. Es ist generell eine gute Sache, in diesen vier Stunden viel zu trinken. So manche Blasenentzündung kann dadurch verhindert werden.

Von 17 bis 19 Uhr – Nieren

In diesen beiden Stunden arbeitet ein zentrales Entgiftungsorgan, die Nieren, am besten. Wenn Sie beispielsweise die Möglichkeit haben, nach 17 Uhr einen Termin zur Fußreflexzonenmassage zu bekommen, nutzen Sie die Chance: Gerade für belastete Nieren, und damit für den ganzen Körper, kann die Behandlung äußerst wirkungsvoll sein (wenn auch manchmal etwas schmerzhaft – ein Zeichen, dass die Behandlung gut anschlägt). Nach 19 Uhr sollte möglichst nicht mehr viel getrunken werden, besonders nicht vor dem Schlafengehen. Speziell Kakao oder Milch belasten die Nieren, weil Milch nicht mehr gut verarbeitet wird. Die warme Milch vor dem Schlafengehen, die immer so großzügig angeboten oder gar empfohlen wird, schadet mehr als sie nützt! Wundern Sie sich dann nicht über schweren Schlaf und schlechte Träume.

Von 19 bis 21 Uhr – Kreislauf

Viele Eltern dürfen täglich die Erfahrung machen: Wenn es ihnen gelingt, die Kinder vor 19 Uhr zu Bett zu bringen, schlafen sie oft unproblematisch ein. Nach diesem Zeitpunkt wächst sich das Zubettbringen oftmals zu einem harten Kampf aus, den die Kinder fast immer gewinnen, weil man niemanden zum Schlafen zwingen kann. Nicht ohne Grund: Von 19 bis 21 Uhr arbeitet der Kreislauf am besten. In dieser Zeit haben Körper und Geist oftmals ganz andere Dinge im Sinn als Schlaf.

Wie viel Zank und Streit ließen sich vermeiden, wenn wir zumindest bei älteren Kindern diesen Rhythmus akzeptieren und sie nicht ins Bett zwingen würden! Für viele Kinder wäre dies sogar die beste Zeit zum Hausaufgabenmachen, manche entdecken überhaupt erst zu vorgerückter Stunde die Lust am Lernen. Sollten Ihre Kinder dazugehören, dann können wir Ihnen nur raten, Ihren täglichen Kampf aufzugeben. Der Unfrieden, den der Kampf langfristig stiftet, reicht viel tiefer als der kurzfristige Frieden.

Von 21 bis 23 Uhr – allgemeine Energiesammlung

Diese beiden Stunden heißen bei den Chinesen „Zeit des dreifachen Erwärmers“. Wer in dieser Zeit anfällig gegen Kälte ist, wer gar nur in einem geheizten Raum einschlafen kann, sollte dieses Signal nicht übersehen. Irgendein körperliches oder seelisches Gleichgewicht ist aus den Fugen und bedarf der Aufmerksamkeit. Auch diese beiden Stunden zählen bei vielen Menschen zu den Kraftstunden, ihre Energie kommt erst jetzt so richtig in Schwung. Besonders deutlich ist das bei jungen Menschen zu spüren, die jetzt eher an einen Besuch in der Disco denken als an das Ausruhen vor einem neuen Tag. Vielleicht würden sich auch viele ältere Menschen dieses Gespür bewahrt haben, wenn ihnen nicht über Jahre erfolgreich eingetrichtert worden wäre: „Du musst ins Bett, sonst bist du morgens nicht ausgeschlafen."

Von 23 bis 1 Uhr – Galle

Die Gallenblase, das Organ, das mit seinen Sekreten zur Verarbeitung der Nahrung im Dünndarm beiträgt, und die Leber, das große Entgiftungsorgan, haben zwischen 11 und 3 Uhr nachts ihre große Zeit. Wer in dieser Zeit regelmäßig aufwacht, hat Grund, auf die Funktion von Galle und Leber zu achten. Verzichten Sie abends auf fette Speisen. Sie belasten diese Organe zusätzlich und hindern sie am optimalen Funktionieren. Wer Probleme mit der Galle hat, für den sind feuchtwarme Umschläge zwischen 11 und 1 Uhr nachts eine Wohltat. Trinken Sie dazu schluckweise heißen Tee, keinesfalls kalte Getränke. Zimmerwarmer Rettichsaft ist ein gutes, unterstützendes Mittel. Der Darm sollte entlastet, notfalls mit einem Einlauf ganz entleert sein, der Körper muss warm gehalten werden.

Eine umfassende Reise durch den Tageslauf der Organe finden Sie in unserem Buch „Aus eigener Kraft".

← Zur Leseprobe

Von 1 bis 3 Uhr – Leber

Dass Ruhe für die Leber gut ist, ja, dass sogar Schlafkuren für ihre Erholung verschrieben werden, ist sicherlich der Tatsache zuzuschreiben, dass sich die Leber *nur im Schlaf* regenerieren und ihre lebenswichtige Entgiftungsarbeit leisten kann. Wird also die Leber zwischen 1 und 3 Uhr nachts stark belastet, dann ist das besonders nachteilig. Eine wesentliche Rolle bei der Erholung spielt eine gute Durchwärmung des Körpers. Insgesamt wirken Nikotin und Alkohol zwischen 1 Uhr nachts und 5 Uhr morgens weit strapazierender für den Organismus als zu anderen Zeiten.

Von 3 bis 5 Uhr – Lunge

Bergsteiger und Tourengeher wissen, dass sie der Start um 3 Uhr früh viel besser in Schwung bringt als „ausgeschlafen“ um 5 Uhr morgens. Die Hoch-Zeit der Lungen währt nämlich von 3 Uhr bis 5 Uhr früh. Der gute Start lässt Sie den Kräfteabfall nach 5 Uhr früh viel besser überbrücken, Sie haben sich eingelaufen. Raucher kennen den Hustenreiz am Morgen, die Lunge hat in der Nacht ganze Arbeit geleistet, um mit den Flimmerhärchen auf ihren Innenflächen nach außen zu schaufeln, was nicht hineingehört. Wer übrigens regelmäßig immer zur selben Zeit nachts aufwacht, hat guten Grund zu der Vermutung, dass mit dem jeweiligen Organ, das gerade seine Hoch-Phase durchläuft, etwas nicht stimmt.

Von 5 bis 7 Uhr – Dickdarm

Etwa zwei Stunden lang hält sich die Nahrung im Dünndarm auf, etwa 20 Stunden im Dickdarm. Durchfall lässt auf Verdauungsprobleme im Dünndarm schließen, während Verstopfung auf eine zu lange Eindickzeit hindeutet. Gerade zwischen 5 und 7 Uhr morgens könnte man die entgiftende Arbeit des Dickdarms unterstützen, indem man ein Glas *lauwarmes* Wasser trinkt oder mit getrockneten Früchten nachhilft.

Mit dieser kleinen Reise durch den Tageslauf haben Sie eine weitere innere Uhr kennengelernt, der Sie nun mit Gewinn nachspüren können. Sicherlich harmoniert auch Ihr Lauf in vieler Hinsicht nicht mit den Verhaltensweisen, die man uns hierzulande als normal, angemessen oder gar gesund verkaufen will. Mit der Kenntnis dieser Rhythmen fällt es Ihnen jedoch nun leichter, nur Ihrem Gespür zu vertrauen und so manchen inneren und äußeren Reibungspunkt zwischen Normalität und Wirklichkeit zu beseitigen.

Der Alltag lässt es uns täglich fühlen, dass Glücklichsein mit Alter und Reichtum nichts zu tun hat, sondern mit innerem Frieden, mit Zufriedenheit mit sich und der Welt, ganz unabhängig davon wie der Zustand der äußeren Welt ist. Lernen Sie sich selbst besser kennen und nutzen Sie solche Beobachtungen. Schauen Sie, nehmen Sie wahr, machen Sie sich Notizen: Die eigene Erfahrung mit den Organrhythmen wird Ihnen helfen, Ihren Körper besser zu verstehen.

10

Die drei Lebenstakte

Der individuelle Biorhythmus

» Ruhige und unruhige Stimmung hängen nicht so sehr von den bedeutenden Dingen unseres Lebens ab, als von der mehr oder weniger glücklichen Weise, wie wir die kleinen Dinge des Alltags meistern. «

(LA ROCHEFOUCAULD)

Das Erleben des eigenen Biorhythmus ist immer eine von Grund auf persönliche Erfahrung. Sie lässt sich niemals verallgemeinern. Ihr Wissen um den eigenen Biorhythmus ist nur für Sie anwendbar! Sie können daraus keine Empfehlungen ableiten, wie ein anderer Mensch mit seinem eigenen Biorhythmus umgehen soll.

Vielleicht ist das Folgende der Hauptgrund dafür, dass der Biorhythmus nicht die Verbreitung gefunden hat, die er verdienen würde: *Man muss den Mut haben zu fühlen! Und es braucht Geduld, damit sich die Erfahrungen allmählich in ein taugliches Werkzeug verwandeln.* Beide Fähigkeiten muss man sich in der heutigen Zeit aus eigener Kraft erarbeiten. Sie werden nirgends gelehrt.

Im Takt innerer Uhren

Die Kräfte des menschlichen Biorhythmus wirken auf Körper, Geist und Seele vom Tag unserer Geburt an. Sie färben vieles von dem, was wir tun, fühlen und denken. Sich dieses Farbenspiel bewusst zu machen kann in vielen Lebensbereichen, im Berufs- und Privatleben, von großem Vorteil sein, in erster Linie deshalb, weil die Auswirkungen in vieler Hinsicht vorhersagbar sind. Schon die Ärzte im alten Griechenland nahmen Rücksicht auf die „guten“ und „schlechten“ Tage ihrer Patienten. Im Westen lange Jahre vergessen und betäubt, haben die Wiederentdecker dieser Kräfte in unserem Jahrhundert einen exotisch klingenden, lateinischen Namen für sie reserviert: *Biorhythmus.* In unsere Sprache übersetzt bedeutet er nichts anderes als „Lebenstakt“ oder „Lebenspuls“.

Drei Rhythmen sind es, die uns vom Tag unserer Geburt an im Takt einer langsamen, inneren Uhr begleiten:

der *körperliche Rhythmus,* mit einer Länge von *23 Tagen,*
der *seelische Rhythmus* mit einer Länge von *28 Tagen,*
und der *geistige Rhythmus,* der genau *33 Tage* lang dauert.

Jeder dieser Rhythmen beschert uns bis zur Hälfte seiner Dauer eine langsam bis zu einem Gipfelpunkt ansteigende *Hoch-Phase.* Direkt am Gipfelpunkt wechselt er dann scharf und fast senkrecht abwärts in kürzester Zeit zum Ausgangspunkt und geht in eine absinkende *Tief-Phase* über, bis ein Tiefstpunkt erreicht ist. Von dort kehrt er ebenfalls scharf senkrecht nach oben zum Anfang zurück, wo der Hoch-Tief-Puls von neuem beginnt.

Als Anschauungshilfe für diesen Rhythmus soll Ihnen die Abbildung 1 auf dieser Seite dienen, die den etwas merkwürdigen Verlauf einer dieser Kurven nachzeichnet. Für dieses Beispiel haben wir den 28-tägigen seelischen Rhythmus gewählt.

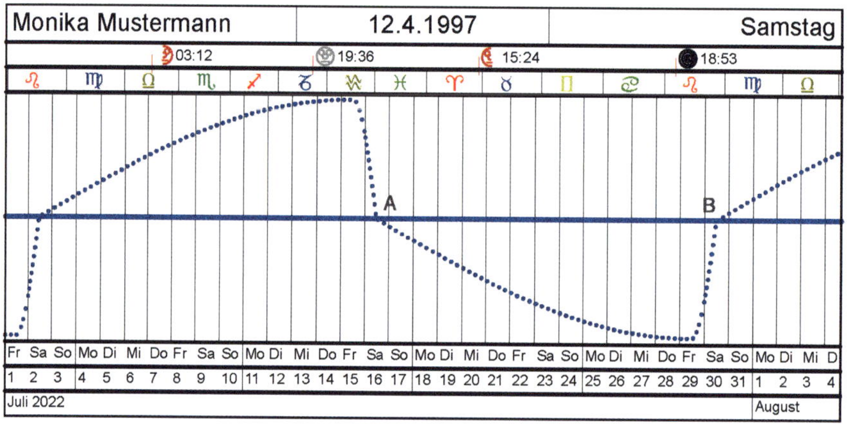

Abbildung 1: Der 28-tägige seelische Rhythmus

In der Abbildung sehen Sie, wie die Kurve des *seelischen Rhythmus* zuerst nach oben strebt, am 14. Tag, dem ersten *Wechseltag* (A) scharf zum „Nullpunkt" absinkt und dann 14 Tage lang auf den Tiefpunkt zuläuft. Am zweiten Wechseltag nach 28 Tagen (B) vollendet sich eine Welle, der Rhythmus beginnt von vorne.

Der *körperliche Rhythmus* nimmt genau den gleichen Verlauf, die Hoch-Phase endet jedoch schon nach 11,5 Tagen, der gesamte Kreislauf ist nach 23 Tagen zu Ende. Seine Kurve verläuft also steiler.

Der *geistige Rhythmus* beendet nach 16,5 Tagen die Hoch-Phase und wechselt anschließend in die Tief-Phase. Nach insgesamt 33 Tagen gelangt er zum Ausgangspunkt eines neuen Zyklus.

Die *Wechseltage* sind bei allen Rhythmen von besonderer Bedeutung. Sie markieren eine fast immer kritische Zeitspanne, die Stunden, manchmal sogar einen Tag oder länger dauern kann. Ihre Wirkung auf Körper, Geist und Seele lässt sich mit einem Klimawechsel im Miniformat vergleichen, ähnlich dem Kräftewechsel bei Vollmond. Der Übergang vom Hoch zum Tief wird dabei oftmals als weniger einschneidend empfunden als der Wechsel von der Tief- zur Hoch-Phase. Wahrscheinlich liegt das daran, dass dem zweiten Wechseltag (vom Tief zum Hoch) schon einige Tage vorausgingen, die man ohnehin nicht in körperlicher, seelischer oder geistiger Bestform verbrachte.

Diese drei Rhythmen beeinflussen uns alle pausenlos, ohne Unterschied von Rang und Namen, durchdringen sich zudem, verstärken und schwächen sich gegenseitig und treten in Wechselwirkung mit zahlreichen anderen Einflüssen wie Gesundheitszustand, Alter, Umwelteinflüsse, Stress. Abbildung 2 zeigt, wie etwa ein Monatslauf der drei Rhythmen aussehen kann.

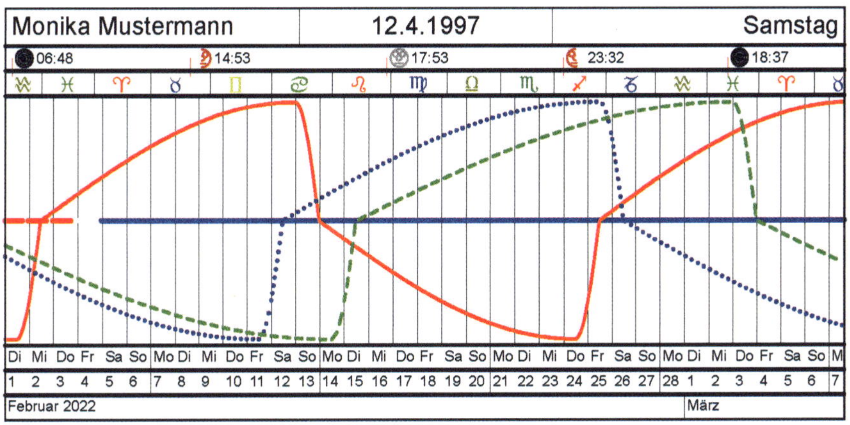

Abbildung 2: Die drei Biorhythmen des Menschen

___ körperlich (23 Tage) 1. Wechseltag nach 11,5 Tagen

.... seelisch (28 Tage) 1. Wechseltag nach 14 Tagen

----- geistig (33 Tage) 1. Wechseltag nach 16,5 Tagen

An dieser Abbildung erkennen Sie zum Beispiel, dass der körperliche Rhythmus für die Beispielperson am 10. Februar gerade ein Hoch anzeigt, während sich geistiger und seelischer Rhythmus im Tief befinden. So können sich die drei Rhythmen ständig gegenseitig färben und zur Verstärkung oder Abschwächung der Einflüsse beitragen.

Das enge Zusammenspiel von Körper, Geist und Gefühlswelt hat zur Folge, dass sich die Wirkungen der drei Rhythmen nicht eindeutig und für jeden Menschen in derselben Weise bestimmen lassen. Sie sind sehr individuell: Ein geistiges Tief kann sich indirekt auch auf die körperliche Verfassung auswirken, ein seelisches Hoch dagegen kann unter Umständen ein körperliches Tief vorübergehend vergessen lassen.

Wie können sich nun die Hoch- und Tief-Phasen der einzelnen Rhythmen im Alltag bemerkbar machen? Worauf ist an den Wechseltagen zu achten?

Der körperliche Biorhythmus (23 Tage)

Die Kenntnis des eigenen körperlichen Biorhythmus ist besonders für Menschen interessant, die sich in irgendeiner Form körperlich betätigen, ob im Freizeitsport oder im Beruf, etwa als Masseur, Tänzer, Bauarbeiter etc. Sie empfinden den Einfluss des körperlichen Biorhythmus deutlicher als andere Menschen.

* Während der *Hoch-Phase* fühlt man sich in der Regel vital und ausdauernd, körperliche Arbeiten gelingen müheloser, alles geht leichter von der Hand, im Sport ist man generell leistungsfähiger. Beeinflusst werden auch Unternehmungslust und Dynamik, Selbstvertrauen und Mut.

* Generell herrscht an jedem *Wechseltag* im Körperrhythmus eine kritische Zeit: Gesundheitlich ist man etwas anfälliger als an anderen Tagen; ansonsten problemlos bewältigte Aufgaben erfordern jetzt höhere Konzentration; im körperlichen Zusammenspiel von Nerven, Muskeln und Gelenken ist manchmal Sand im Getriebe.

Viele Hebammen kennen den körperlichen Biorhythmus genau: Sie wissen, dass der 11. Tag (der Wechseltag im körperlichen Rhythmus) für Neugeborene eine kritische Zeit markiert. Manchmal kommt es an diesem Tag häufiger zu Erbrechen oder anderen körperlichen Symptomen, die zu Besorgnis Anlass geben. „Nach einem Monat sind Babys aus dem Gröbsten raus“, diese Einsicht von Hebammen und Kinderärzten beruht unter anderem auf der Tatsache, dass die Kleinen nach 33 Tagen erstmals alle drei Rhythmen mit ihren Hoch- und Tief-Phasen und Wechseltagen durchlebt haben.

* Die *Tief-Phase* kennzeichnet ein allmählicher Kräfteabfall und verminderte körperliche Spannkraft; größere Anstrengungen machen jetzt längere Erholungspausen nötig. Eine Bergtour in den Tagen im Tief vor dem zweiten Wechseltag verlangt viel mehr als etwa während der Hoch-Phase. Gerade die letzten Tage im Tief wären gut als Zeit der Erholung und Ruhe geeignet, um neue Kräfte sammeln zu können.

Der seelische Biorhythmus (28 Tage)

Dieser Rhythmus nimmt Einfluss auf unsere innere und äußere Wahrnehmungs- und Empfindungskraft, generell auf unsere Gefühlswelt, auf Intuition und Schöpferkraft. Besonders wichtig ist er für Berufe, die mit Menschen umgehen: etwa für Erzieher, Ärzte, Pflegepersonal, Seelsorger.

* In der *Hoch-Phase* ist man gefühlsmäßig beweglicher, die positiven Seiten des Lebens werden leichter erkannt. Es fällt nicht schwer, eine optimistische Sicht auf das Leben zu gewinnen und zu behalten. Gerade wer in Dienstleistungsberufen – ob als Kellner, Lehrer oder Seelsorger – arbeitet, läuft jetzt zu seiner Bestform auf und kann mit der Kraft positiver Gedanken viel Gutes bewirken.

* In 14-tägigem Abstand, immer genau am Wochentag Ihrer Geburt, beschert Ihnen auch der seelische Rhythmus einen *Wechseltag*, eine kurze, manchmal etwas konfuse Zeitspanne. Gefühlsbedingtes Chaos, seelische Konflikte, das Sich-Stören an Nichtigkeiten – all das kommt dann leichter zum Vorschein.

Vielleicht liegt hier ein Grund dafür verborgen, warum an einem Sonntag geborene Menschen tatsächlich vom Schicksal begünstigt sind: Immer sonntags im Abstand von 14 Tagen erleben sie seelisch einen kritischen Tag. Und meist lässt sich der Sonntag ja problemlos überstehen, weil in der Regel keine größeren Anforderungen gestellt werden (außer bei einem belasteten Privatleben, das den Begriff vom „Sonntagsstress" entstehen ließ).

* Während der *Tief-Phase* verarbeitet man etwa schlechte Nachrichten immer weniger gut, man rutscht leichter in eine pessimistische, niedergeschlagene und ängst-

liche Grundstimmung. Die Sinnlosigkeit vieler Dinge im Leben wird jetzt stärker empfunden. Wer dazu neigt, sein Leben von schlechtem Gewissen regieren zu lassen, der ist jetzt ein willigeres Opfer als sonst. In diesen Tagen, besonders gegen Ende der Tief-Phase, ist erhöhte Selbstdisziplin nötig, um dem Pessimismus nicht zu viel Raum zu geben. Auch Beziehungskonflikte lassen sich an solchen Tagen nur schwer lösen. Kindern, die gerade ihr seelisches Tief durchlaufen, eine Strafpredigt zu halten, ist ein vergebliches Unterfangen: zum einen Ohr rein, zum anderen Ohr raus.

Der geistige Biorhythmus (33 Tage)

Er berührt vor allem die Fähigkeit, geistig vorausplanend zu arbeiten. Beeinflusste Lebensbereiche sind Logik, Verstand und Lernfähigkeit, vorausschauendes Denken, Kombinationsgabe und innerer wie äußerer Orientierungssinn, im wahrsten Sinne des Wortes die Geistes-Gegenwart. Lehrer aller Fachrichtungen, Politiker, Referenten, Journalisten und Schriftsteller empfinden das Auf und Ab dieses Rhythmus' besonders stark.

* Alle verstandesbestimmten Tätigkeiten erfahren während der *Hoch-Phase* des geistigen Biorhythmus Unterstützung, man nimmt intellektuelle Lernstoffe und Informationen leichter auf und kann sie müheloser verarbeiten und wiedergeben. Es fällt einem leichter, sich zu konzentrieren.

* Die *Wechseltage* im geistigen Rhythmus hemmen die geistige Spannkraft. Die Reaktionsfähigkeit ist nicht auf der Höhe. Im Straßenverkehr sollte man sich vorsichtiger als sonst verhalten und der Tatsache mutig ins Auge schauen, dass auch man selbst jetzt leichter einmal Fehler macht. Diese Zeit blockiert oftmals das Aufnehmen neuen Lernstoffs. Das Meiden verzwickter Aufgaben, beziehungsweise eine erhöhte Konzentration, ist hier das beste Mittel, um sich auf den geistigen Klimawechsel einzustellen.

* Dasselbe gilt für die Zeit etwa zwischen Tag 17 und 33 im geistigen Rhythmus. In der *Tief-Phase* wird man allmählich geistig unbeweglicher und ist dann leichter mental erschöpft, wenn die Aufgaben allzu heikel sind. Die Lern- und Entscheidungsfreude lässt nach; Ängste können oft so greifbar werden, als ob sie schon Wirklichkeit geworden sind.

Der Biorhythmus im Alltag

Wer den Biorhythmen bei sich selbst nachspürt, wird den Nutzen ihrer Kenntnis sehr bald aus eigener Kraft entdecken. Besonders im Umgang mit Kindern, in Schulen aller Art, wäre sie von großem Vorteil. Wenn bei einem Schulkind geistiger und seelischer Rhythmus im Tief sind, ist es oft völlig sinnlos, neuen Lernstoff einzupauken. Eltern, denen das Wohl ihrer Kinder am Herzen liegt, können auf den Biorhythmus achten und sie in diesen Tagen zumindest nicht mit zusätzlichen Anforderungen belasten.

Lehrer im Tief würden feststellen, dass sie in solchen Tagen manchmal nicht fähig sind, den Stoff verständlich und anschaulich zu vermitteln. Sie könnten auf eigene Tief-Zeiten achten und Listen führen mit den Tief-Zeiten ihrer Schützlinge, zumindest sollten sie auf die Wechseltage achten. Die Erfahrung hat gezeigt, dass Nachhilfelehrer, die den Biorhythmus ihrer jungen Klienten berücksichtigen, große Erfolge erzielen, auch bei einstmals chronisch schlechten Schülern und Sorgenkindern.

Gerade in der Betreuung von Legasthenikern beziehungsweise Kindern mit Lernschwierigkeiten ganz allgemein hat sich in der Vergangenheit das Arbeiten nach dem Biorhythmus als wahrer Segen herausgestellt.

So manches heikle Unterfangen, dessen Termin Sie auf einen biorhythmisch günstigen Tag legen, verspricht weit mehr Aussicht auf Erfolg: Prüfungen aller Art (besonders auch Fahrprüfungen!), Vorstellungsgespräche, Bewerbungen, Teambesprechungen, Gehaltsverhandlungen, schwierige Arbeitsabläufe. Bei Sportlern gleicher Leistungsstärke sollten Trainer bei wichtigen Wettkämpfen diejenigen einsetzen, die biorhythmisch im Hoch ist.

Was die Harmonie oder Disharmonie der Biorhythmen zweier Menschen betrifft: Grundsätzlich hat es Vorteile, wenn die Hoch- und Tief-Phasen zweier Menschen einigermaßen übereinstimmen: Man bewegt sich viel öfter auf der gleichen „Wellenlänge" wie der Partner. Allerdings ist einsichtig, was geschehen kann, wenn man auch die Tief-Phasen mit dem Partner teilt – das ist nicht immer leicht und angenehm. Guter Wille und die Fähigkeit, sich gegenseitig aus dem Sumpf zu ziehen, haben es dann etwas schwerer.

Wenn dagegen die Rhythmen gegenläufig sind, ist es zwar schwieriger, bei einem eigenen Hoch den Partner im Tief mitzureißen oder zu inspirieren, andererseits kann man sich gegenseitig auch viel besser durch Tief-Phasen hindurchhelfen, wenn der gute Wille vorhanden ist. Langfristig gesehen ist sicherlich ein Mittelwert der Übereinstimmung günstiger als etwa eines der beiden Extreme, nämlich sehr hohe oder gar keine Übereinstimmung.

Wenn Sie wissen, dass schon die Natur Ihrem Partner so manchen Augenblick der Launenhaftigkeit, Unkonzentriertheit oder Vergesslichkeit aufnötigt, dann fällt es leichter, ihn anzunehmen, wie er ist. Ohne gegenseitiges Verständnis keine Möglichkeit zu echter Hilfe: Mangelnde Einfühlung tötet eine Beziehung, Toleranz ist nur ein erster kleiner Schritt, Einsicht dagegen bringt Licht in das Selbst und in die Partnerschaft.

Insgesamt können Sie den größten Gewinn aus der Kenntnis des Biorhythmus ziehen, wenn Sie sich diese Regeln zu Herzen nehmen:

* Ihren eigenen Biorhythmus kennenzulernen ist sinnvoll, wenn Sie den Rhythmus nach und nach erforschen und entdecken, für sich allein, ganz ohne Hilfe von außen, ihn letztlich annehmen und ihn nicht als Feigenblatt, als Entschuldigung im Alltag, verwenden. Wie auch bei den Mondrhythmen gibt es im Biorhythmus des Menschen keine grundsätzlich „guten" und „schlechten" Tage. Es kommt immer darauf an, wie Sie die Kenntnis des jeweiligen Biorhythmus zu nutzen wissen.

* Immer dann, wenn Sie den Zeitpunkt wichtiger Arbeiten oder Vorhaben, bei denen Sie körperlich, geistig oder gefühlsmäßig auf der Höhe sein wollen/müssen selbst bestimmen können, sollten Sie auf Ihren Biorhythmus achten und dann das jeweilige Vorhaben auf einen günstigen Tag legen.

* Immer dann, wenn ein wichtiges Vorhaben an einem nicht verschiebbaren Tag stattfindet und Sie gerade ein Tief durchlaufen oder ein Wechseltag herrscht, können Sie sich jetzt besser darauf einstellen. Gut vorbereitet ist schon fast gewonnen.

Kennenlernen und Annehmen des Biorhythmus kann sich als wahrer Segen erweisen, weil er uns sanft auf die langwelligen Rhythmen der Hoch- und Tief-Phasen eines ganzen Lebens vorbereitet.

Die Berechnung des Biorhythmus

Wie finden Sie nun heraus, wie Ihr Biorhythmus an einem bestimmten Tag, jetzt oder in Zukunft, beschaffen ist? Wie berechnet man ihn? Für Computer- und Smartphone-Besitzer gibt es auf dem Softwaremarkt zahlreiche Biorhythmusprogramme für alle Systeme. Sie liefern nach Eingabe des Geburtsdatums eine bildliche Darstellung aller Rhythmen des Monats. Ausnahmslos alle diese Programme verwenden jedoch noch immer die verwirrende Sinuswellenform der Rhythmusdarstellung und manche geben leider wenig hilfreiche „Deutungshilfen", die für Sie persönlich nur sehr selten zutreffen. Das führt oft dazu, dass man sich letztlich nicht mehr damit beschäftigt, weil Grafik und Gefühl nicht übereinstimmen.

Um selbst den Biorhythmus zu berechnen, können Sie mit einem gewöhnlichen Taschenrechner herausfinden, wie viele Tage genau seit Ihrer Geburt vergangen sind (Schaltjahre nicht vergessen!). Das Ergebnis müssen Sie dann durch die Rhythmustage teilen (also durch 23, 28 und 33), damit Sie ein genaues Resultat erhalten. Die Anleitung senden wir Ihnen gerne kostenlos zu (E-Mail an vrz@aon.at genügt).

Es gibt aber noch eine andere Möglichkeit, zu einer seriösen Biorhythmus-Berechnung zu gelangen. Wir erledigen das für Sie! Wir haben ein eigenes Biorhythmus-Programm entwickeln lassen, mit integriertem Mondkalender, Angabe der Phasen des rückläufigen Merkur und ausführlicher Beschreibung. Gehen Sie einfach auf unsere Website www.paungger-poppe.com, und unter dem Menüpunkt Service finden Sie ein Bestellformular. Nach Eingabe von Name und Geburtsdatum erhalten Sie per E-Mail ein PDF (nach Wunsch auch ein DIN-A4-Heft, dann bitte die Postadresse nicht vergessen!) mit ebenfalls ausführlichem Beschreibungstext für ein ganzes Jahr im Voraus. Viele LeserInnen wissen den Biorhythmus auch als wirklich nützliches und individuelles Geschenk zu schätzen!

In aller Ausführlichkeit finden Sie den Biorhythmus in unserem Buch „Aus eigener Kraft" beschrieben. Zur Leseprobe ➔

11

Wann bist du geboren?

Das Geheimnis des Tiroler Zahlenrads

» Kommen wir zur Welt, liegt ein Drehbuch für unser Leben bereit. Fast immer findest du dein Glück erst, wenn du den Mut hast, es zu zerreißen und dein eigenes zu schreiben. «

(RON FISCHER)

An welchem Tag, in welchem Monat, in welchem Jahr und welchem Jahrzehnt Sie geboren sind – in dieser speziellen Zahlenkombination liegt ein Schatz verborgen. Wie die Kombination zu einem Safe, dessen Inhalt nur für Sie aufbewahrt worden ist.

Das Wissen um die spezielle Bedeutung jeder einzelnen Zahl in Ihrem Geburtsdatum ist ein altes Geheimwissen – angewandt, erfahren und weitergegeben nur innerhalb von kleinen Kreisen, etwa von Familienverbänden. In Johannas Familie gehörte es zum „stillen Wissen", über das niemals gesprochen worden ist. Die Kinder wuchsen damit auf wie Fische mit Wasser. Es war im eigentlichen Sinne des Wortes „selbst-verständlich".

Der einzige Grund für das Schweigen war wohl die katholische Kirche, die in der Heimat dieses Wissens immer noch große Macht ausübt. Ein Priester, der in seiner Sonntagspredigt das Zahlenwissen als „heidnischen Aberglauben" herabwürdigt, hätte automatisch zu einer Ächtung der Praktizierenden geführt.

Dabei kann wie viele andere Aspekte alten Wissens das Zahlenrad in besonderem Maße mithelfen, in der Welt für gerechtere und gesündere Verhältnisse zu sorgen. Mit seiner Hilfe können alle Menschen viel besser erkennen, wofür sie besonders geeignet sind und wo ihre Schwachstellen liegen. Entsprechend lässt sich mit diesem Wissen wirksam gegensteuern, unterstützen und fördern. Für Arbeitsämter, für Personalberater, in Schulen, in Kindergärten, für Ärzte und Heilpraktiker – schier endlos sind die Bereiche, in denen die Menschen von diesem Wissen profitieren können.

Von der achtsamen Kindererziehung über eine Berufswahl auf Basis tatsächlich vorhandener, aber vielleicht noch versteckter Talente, über die weise Gesundheitsvorsorge bis zu gezielten Maßnahmen zur Linderung und Heilung bei gesundheitlichen Beeinträchtigungen – bei alledem kann das im Tiroler Zahlenrad verborgene Wissen eine große Hilfe sein! Und nicht nur dabei: Es wird Ihnen helfen, sich selbst sehr viel besser kennenzulernen. Ihre Stärken und Schwächen, Ihre vielleicht verborgenen Neigungen und Talente werden deutlicher sichtbar. Für manche wird sich sogar ein jahrelanger, schwerer Nebel lichten, eine Betäubung lösen. Der Mut wird wachsen, verborgene Dinge zu erkennen, Neues anzupacken, Verbrauchtes als solches zu erkennen und es abzulegen.

Für manche Leser waren unsere Zahlenrad-Bücher tatsächlich eine Offenbarung, ein Wendepunkt im Leben. Denn viele von uns sind unglücklich mit ihrer Lebenssituation als Ganzes, haben ein Gefühl, als ob sie am falschen Ort zur falschen Zeit lebten, als ob das „richtige Leben" noch auf sie wartete – oder schlimmer noch, als ob es längst versäumt wäre.

Das Tiroler Zahlenrad ist eines der wertvollsten Werkzeuge, das unsere Vorfahren angewendet, entwickelt und weitergegeben haben: wertvoll in einer Vielfalt von Lebenssituationen, wertvoll für fast alle Berufe, in jedem Lebensalter, überall auf der Welt, ohne Ausnahme. Ein wahrer Schatz an Möglichkeiten und Chancen, ein Gewinn für jeden, der das Leben als Spielfeld betrachtet für Entwicklung, Reifung und langsame Vervollkommnung. Nehmen Sie es als Geschenk an, das Ihnen hilft, heil und ganz zu werden und zu bleiben. Aus Liebe zu sich selbst und aus Liebe zum Leben.

Wie erkenne ich mein persönliches Zahlenrad?

Und so ermitteln Sie Ihre persönlichen Geburtstagszahlen, Ihre „Signatur", wie wir es genannt haben:

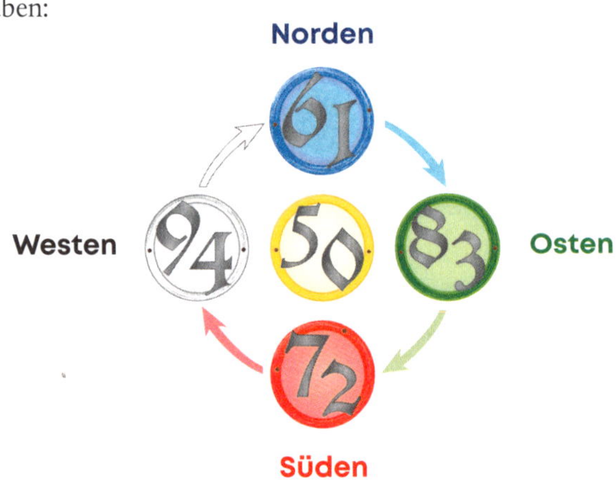

Die Tageszahlen

Betrachten Sie zuerst die Zahl oder Zahlen des Tages, an dem Sie in Ihrem Geburtsmonat zur Welt kamen – also Zahlen zwischen 1 und 31. Sie sind an einem 12. geboren? Dann besetzen Sie im Zahlenrad schon mal die Zahlen ❶ und ❷, den „Norden" und den „Süden". Sie sind an einem 5. geboren? Dann besetzen Sie im Zahlenrad die Mitte, mit der Zahl ❺.

Sie könnten sich jetzt auf ein Stück Papier ein Kreuz malen und die Zahlen eintragen, damit Sie sich allmählich mit der bildlichen Darstellung des Zahlenrads vertraut machen.

Ganz wichtig an dieser Stelle: Die Null *vor* einem einstelligen Tages- oder Monatsdatum zählt nicht! Also beispielsweise, wenn Sie Ihr Geburtsdatum so schreiben: 01.07.1997. Diese Nullen existieren eigentlich gar nicht und sind der Formularflut geschuldet – in Ämtern und im Internet.

Die Monatszahlen

Jetzt kommen die Zahl oder die Zahlen des Geburtsmonats hinzu – also Zahlen von 1 bis 12, von Januar bis Dezember. Sie sind im November geboren? Dann kommt zu den Tageszahlen jetzt zweimal die Zahl ❶ im Zahlenrad hinzu, Sie besetzen also mit ❶ und ❶ den Norden doppelt. Sie sind im Oktober geboren? Dann tragen Sie eine ❶ im Norden ein und eine ⓿ in der „Position Mitte".

Die Jahres- und Jahrzehnt-Zahlen

Drittens sind von Bedeutung die Jahres- und Jahrzehnt-Zahlen Ihres Geburtstages. Also beispielsweise die ❽ und die ❺, wenn Sie 1985 oder 1958 geboren wurden. In beiden Fällen kommen also die ❽ im Osten hinzu und die ❺ in der Mitte.

Sie werden sich vielleicht jetzt schon die Frage gestellt haben: Was ist mit der Jahrhundert- und Jahrtausend-Zahl, mit denen jeder geboren wird? Die Zahlen ❶ und ❾ des 20. Jahrhunderts und die Zahlen ❷ und ⓿ des 21. Jahrhunderts werden bei der Zahlenermittlung nicht berücksichtigt! Mindestens vier und höchstens sechs Zahlen können also Ihr persönliches Tiroler Zahlenrad bilden!

Zum Beispiel
* vier Zahlen für das Geburtsdatum 5. 7. 2011 geboren sind (❺, ❼, ❶, ❶),
* fünf Zahlen, wenn Sie am 12. 9. 1974 geboren sind (❶, ❷, ❾, ❼, ❹)
* und sechs Zahlen, wenn Sie am 21.12.1985 geboren sind (❶, ❶, ❷, ❷, ❽, ❺).

Eine Beispielrechnung

Wenn wir nach Vorträgen oder im Freundes- und Bekanntenkreis spezielle Zahlenkombinationen betrachten und besprechen, dann machen wir uns die Sache zunächst etwas anschaulicher – mit kleinen Zeichnungen wie der unten abgebildeten. **Beispiel Geburtsdatum 5. Mai 1974:** Die maßgeblichen Zahlen dieses Zahlenrads lauten also ❺, ❺, ❼ und ❹. Wenn Sie jetzt die Grafik unten betrachten, sehen Sie, wohin die Zahlen gehören. Sie können die Zahlen auf Ihrem Zettel etwa so eintragen: Sie setzen also die ❹ nach links, in den Westen, die beiden ❺ in die Mitte und die ❼ nach unten in den Süden.

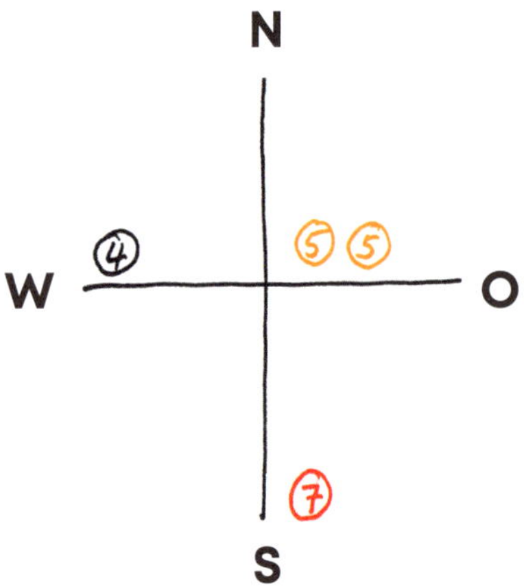

Bevor wir die Bedeutung der Zahlen näher beleuchten, folgt noch eine kurze allgemeine „Gebrauchsanleitung". Sie können schon mal zu den Zahlen vorblättern, wenn Sie wollen, aber um des besseren Verständnisses willen sollten Sie sich die wenigen folgenden Seiten genauer anschauen.

Das Tiroler Zahlenrad verstehen

Auch wenn die Zahlen in der Handzeichnung kreuzförmig angeordnet sind, sprechen wir nicht von einem „Zahlenkreuz". Denn die persönlichen Zahlen sind nichts unerbittlich Festgemauertes. Unsere Zahlen fällen kein starres Urteil über uns und unseren Lebensweg. Das Rad ist in lebendiger Bewegung, und die Bewegung erfolgt im Uhrzeigersinn. So wie Sie Ihren Tee oder Kaffee rühren sollten, so wie Sie den Kochlöffel schwingen sollten, damit Ihre Nahrung an Kraft gewinnt, so bewegt sich das Zahlenrad – im Uhrzeigersinn. Den Kreislauf des Zahlenrads und seine Stationen einzuhalten würde allem und jedem zum Erfolg verhelfen, weil diese Kreisbahn kosmische Zusammenhänge widerspiegelt: vom Ende des Alten, vom Keim der Idee (Norden), über die Begeisterung und die tiefe Freude an der Entwicklung (Osten) zur temperamentvollen, lebenslustigen Präsentation (Süden), zum klugen, abgesicherten und reibungslosen Funktionieren und zur Logistik des Erfolges (Westen) – bis schließlich zum Schritt an die Öffentlichkeit (Norden) und dort zur Verfeinerung und Aufwärtsbewegung.

Natürlich gibt es Menschen, deren Zahlenrad in allen Himmelsrichtungen mit Zahlen besetzt sind, aber fast alle anderen müssen sich etwas einfallen lassen, um die Lücken zu füllen. Die beiden wesentlichen Wege dorthin bestehen entweder in der Zusammenarbeit mit Partnern, die Ihre fehlenden Zahlen im Geburtsdatum haben, oder darin, in einer Art Abendkurs die fehlende Himmelsrichtung zu absolvieren und nachzuholen. Zahlreiche Anregungen dafür finden Sie in unseren beiden Büchern zum Thema.

Die Himmelsrichtungen

Jedem Zahlenpaar im Zahlenrad ist eine Himmelsrichtung zugeordnet, deren Bedeutung so tiefgreifend ist, dass sogar in einem Staatsgebilde die Menschen des Südens „anders" sind als die des Ostens oder Westens. Dass die Bayern und die Texaner als Menschen des Südens so ganz „anders" sind als die „Nordmenschen" Hamburger und New Yorker, kommt nicht von ungefähr.

Nach und nach werden Sie in dieses Wissen hineinwachsen und Sicherheit gewinnen durch die eigene Erfahrung. Dann können Sie ermessen, welch große Erschütterungen beispielsweise die Wiedervereinigung von West- und Ost-Deutschland ausgelöst hat. Oder die Abtrennung Südtirols von Österreich.

Norden 6 1
Osten 8 3
Süden 7 2
Westen 9 4
Mitte 0 5

Die Zahlenfarbe

Jeder Zahl in Ihrem Geburtsdatum ist eine Farbe zugeordnet. Wenn Sie das Zahlenrad von oben betrachten, erkennen Sie die Zusammenhänge:

Blau und Schwarz zu ❻ und ❶	* Norden
Grün zu ❽ und ❸	* Osten
Rot zu ❼ und ❷	* Süden
Weiß zu ❾ und ❹	* Westen
Gelb zu ⓪ und ❺	* Mitte

Die Kenntnis der Zahlenfarben ist von größter Bedeutung und kann in vielfältiger Weise gewinnbringend eingesetzt werden. Sie sollten beispielsweise Geburtsdaten und Farben aller Menschen kennen, mit denen Sie längere Zeit engeren Kontakt pflegen (Verwandte, Freunde, Mitarbeiter, Kollegen, Schüler). Sonst kann es geschehen, dass Sie sich in ihrer Gegenwart irgendwann seltsam ausgelaugt und nervös fühlen. Das ist oft dann der Fall, wenn auf beiden Seiten dieselbe Himmelsrichtung und damit dieselbe Farbe fehlen. Die Kenntnis des Zusammenhangs von Zahl und Farbe könnten Sie dann einsetzen, um erfolgreich dem Energieverlust entgegenzuarbeiten!

Wenn ein Gegenüber etwa ein Übergewicht jener Zahlen aufweist, die bei Ihnen fehlen (beispielsweise zweimal ❻ im Geburtsdatum), dann kann dieser Mensch allein durch seine Anwesenheit Gutes für Sie bewirken. Das Gegenüber fühlt sich meistens ebenfalls mit Ihnen wohl, denn Sie gleichen seine eventuelle Überbelastung mit Blau aus.

Die „Signatur"

Aufgrund der Anzahl aller möglichen Kombinationen der vier, fünf oder sechs Zahlen eines Geburtsdatums gibt es genau 31 verschiedene „Signaturen". Den Begriff „Signatur" haben wir entwickelt – wir finden ihn passend, um das persönliche Zahlenbild einer Person im Zahlenrad zu bezeichnen.

Angenommen, jemand ist am 5. September 1961 geboren. Die persönlichen Zahlen dieser Person finden sich in diesem Beispiel im Norden, Westen und in der Mitte. Dann bildet sich daraus ein bestimmtes „Bild", in diesem Fall ein Dreieck zwischen Norden, Westen und Mitte des Zahlenrads – eben dieses Bild nannten wir Signatur.

Der „Schwerpunkt“

Innerhalb einer Signatur sorgt die spezifische Verteilung der Zahlen für eine individuelle Gewichtung der waltenden Kräfte und der vorhandenen Talente und mitgebrachten Fähigkeiten. Bei jeder Signatur sollte man sich daher genau betrachten, aus welchen Zahlen sie zusammengesetzt ist. Wo liegt ihr Schwerpunkt? Die beiden Geburtsdaten 1. Mai 1966 und 10. Mai 1955 beispielsweise haben zwar die gleiche Signatur Nord-Mitte, die grobe Richtung ist vorgegeben. Dennoch wird sich daraus ein anderer Charakter herausbilden, ein anderes Schatzkästchen mit anderen Elementen steht zur Verfügung, weil im ersteren Fall der Schwerpunkt im Norden liegt, im anderen in der Mitte.

Die Bausteine des Zahlenrads

Sechs und Eins – Charisma, Weitblick und Entschlossenheit des Nordens

Wie gesagt, jede Zahl in Ihrem Geburtsdatum symbolisiert ein Geschenk – einen Teil vom Inhalt eines Schatzkästchens, das uns mitgegeben worden ist, um bestimmte Aufgaben, die in unserem Leben auf uns warten, erfolgreich erfüllen zu können.

Die Zahl symbolisiert dabei im Wesentlichen zweierlei: sowohl die *Art der speziellen Aufgabe,* die es zu erfüllen gilt, als auch die *Existenz aller Mittel,* um diese Aufgabe erfolgreich zu bestehen (siehe auch die Tabelle auf Seite 150/151). Wir erfahren, wohin die Reise geht, und wir bekommen das nötige Fahrgeld. Die Herausforderung besteht im Erkennen des ureigenen Weges und im Durchmessen des mehr oder weniger weiten Landes bis zum Ziel. Wir haben die freie Wahl, ob wir den Zug auch besteigen oder ob wir uns auf Nebengeleise locken oder abdrängen lassen.

Das Geschenk der Zahlen ❻ und/oder ❶ im Geburtsdatum – diese Zahlen bilden gleichsam die Stufen hinauf ans Licht der Öffentlichkeit.

Sie verleihen jene inneren Kräfte und Schwingungen, die Ihnen überall Gehör verschaffen können. Sie verleihen Charisma und Ausstrahlung. Mit diesen Zahlen hat man gleichsam die Aufgabe übertragen bekommen, nicht im Stillen zu wirken, sondern alle erworbenen Fähigkeiten und Talente, Wissen und Erfahrungen nach außen zu tragen und einer größeren Öffentlichkeit weiterzugeben, nicht nur den eigenen Kindern. Hemmungen, Ängste und Schüchternheit sind bei einem Menschen mit dem Norden im Geburtsdatum nur das Ergebnis von Kindheitserfahrungen, von seelischer Verletzung, von Blockaden in der Entwicklung des gesunden Selbstvertrauens. Mit der ❻ und/oder ❶ wären hinter dem Nebel der Schüchternheit dennoch alle Kräfte und das Charisma verborgen für das mutige und erfolgreiche Nach-Außen-Gehen. Man würde Ihnen Gehör schenken, Sie hätten das nötige Werkzeug und die Kraft dazu. Diese beiden Zahlen vermitteln das Geschick, Brücken zu bauen zwischen den Menschen. Sie bringen Willenskraft, Durchsetzungsvermögen und Ausdauer. Es gibt so viele Dinge auf der Welt, die noch brachliegen und der liebevollen Widmung bedürfen – beispielsweise die Antwort auf die Frage, wie sich die heutige Heilkunde von der modernen pharmazeutischen Industrie lösen kann, um endlich zu echtem Heilen zu kommen, statt Symptome zu bekämpfen. Oder die Frage, welche wahren Ursachen der Terror in der Welt hat, denn nur deren Kenntnis führt zu echten, dauerhaften Lösungen. ❻ und ❶ hauchen ihrem Besitzer visionäre Qualitäten ein, sodass er sich mit Herz und Hirn der Beantwortung solcher Zukunftsfragen widmen kann.

„Nord-Menschen" sind zudem ausdauernd im Anstreben von Zielen, sie werfen nicht gleich die Flinte ins Korn, wenn sich größere Hindernisse auftun. Ja, sie empfinden Hindernisse oftmals gar nicht als solche.

Ziele tatsächlich zu erreichen, fällt ihnen mit dieser Einstellung meist leichter als allen anderen Zahlenrad-Stationen. Mit energischer, zielstrebiger Entschlossenheit wagen sich die Nord-Menschen an Wege und Vorsätze, wo andere schon längst sagen: „Das kann gar nicht funktionieren!" Das tun sie manchmal sogar dann, wenn sie ihrer Zeit weit voraus sind. Hundert Jahre später tritt dann die herausragende Qualität, ja das Genie ihrer Arbeit zutage. Es hatten damals einfach die Antennen gefehlt, der Zeitgeist schlief, die nötige Grundschwingung war noch nicht da. In diesem Vorpreschen verbirgt sich auch eine der Quellen für das Unglücklichsein eines Nord-Menschen. Der Zeit voraus zu sein macht manchmal einsam.

Nord-Menschen finden ihr Glück eher selten in routinestarren Beamtendiensten, sondern als Pioniere und Erneuerer, als Anwälte, Philosophen, Schriftsteller, als Politiker und Diplomaten, als Lehrer (weil sie Gehör finden und weise unterrichten), als Richter (weil sie klar und weit sehen und das Verborgene leichter erkennen), als Forscher. Auch die Schauspieler finden sich in der Palette der Berufe des Nordens. Wer die „Bretter, die die Welt bedeuten“ ohne ❻ und ❶ im Geburtsdatum betritt, der hat in der Regel einen harten Weg zum Erfolg vor sich. Was natürlich nicht heißt, dass ihr oder ihm der Weg zum Erfolg verschlossen wäre – auch die Leidenschaft von ❼ und/oder ❷ öffnet Türen hinaus in die Welt.

Ein neugieriger, forschender Geist ist eigentlich überall beheimatet und Seelenbestandteil jedes Menschen, ob aktiv gelebt oder nicht. Aber im Norden ist es fürs Lebensglück unentbehrlich, ihn auch auszuleben! Und nicht nur das: Die Zahlen ❻ und/oder ❶ geben sich nicht mit dem äußeren Anschein von Vorwärtskommen zufrieden, sie durchschauen auch Pseudo-Fortschritt und lassen sich nicht so leicht in den endlosen Strom einander rasch ablösender „neuester Stände der Wissenschaft“ und Denk- und Verhaltenstrends hineinziehen. Sie sind so sehr in das Echte verliebt, dass sie sich nicht vom Gefälschten täuschen lassen, zumindest nicht auf Dauer. Deshalb ist den Zahlen ❻ und ❶ auch die „Qualität Wasser“ zugeordnet. Wasser fließt überall hin, wie auch diese Zahlen die neugierige, forschende Energie repräsentieren, die nicht eher ruht, bis sie Antworten bekommen hat. Das Wirken der Energie von ❻ und ❶ ist kühl wie das Wasser, aber sie ist effizient. Sie erreicht die Bewohner der Erde bis in den letzten Winkel.

Öffentlichkeitsarbeit in jeder Schattierung, die Medienwelt, alle Geisteswissenschaften – hier sind die ❻ und die ❶ zu Hause. So sehr hat der Pioniergeist seine Heimat im Norden gefunden, dass dem Nord-Menschen schon dann Langeweile und Depression drohen, wenn ihn die Umstände zu tagtäglichen Routinen verpflichten, ohne Teilerfolge zu bieten. Oder in Situationen, wo in seiner Umgebung „alle dasselbe“ tun. Das Leben ausschließlich für Heim, Haus und Garten kann dem Nord-Menschen auf Dauer kein Glück bringen, außer er verhilft dadurch anderen Menschen zum Erfolg. Die ❻ und/oder die ❶ übernehmen deshalb immer ein wenig die Führung, manchmal unterschwellig, und sie betrachten alle anderen Zahlen als untergeordnet, als Helfer auf ihrem Weg. Vielleicht werden Sie jetzt fragen, ob denn die ❻ und die ❶ jeweils genau die gleichen Kräfte vermitteln? Es gibt es kaum

Unterschiede. Die ❶ repräsentiert vielleicht in etwas stärkerem Maße Wissen und Kommunikation. Sie geht gerne etwas mehr noch nach außen, während sich die ❻ etwas früher zufriedengibt und in Harmonie mit dem Erreichten lebt, dabei jedoch niemals ihren Wissensdrang schlafen legt.

Nach alldem ahnen Sie jetzt vielleicht, dass es die ❻ und die ❶ in der heutigen Zeit nicht leicht haben, ihre Neugier und Unternehmungslust auszuleben, allem Anschein zum Trotz. Von jeder Plakatwand, aus jedem Werbeblock im Fernsehen quillt ein zäher, schwächender Nebel, der die Kraft des Nordens unterhöhlen möchte. Viel Willenskraft, Selbstliebe und Selbstdisziplin sind nötig, um dieser schleichenden, unterschwelligen Einladung zu einem bequemen Leben als Marionette der Konsumreligion auf Dauer zu widerstehen.

Nur an wenigen Orten wird die Kunst des „Zu-Ende-Denkens" gelehrt, fast nirgends wird die Stärkung des freien Willens und des Selbstvertrauens gefördert. Das würde uns nämlich helfen, der Versuchung zu Stillstand und Selbstbetäubung ohne inneren Kampf zu widerstehen. So kann es geschehen, dass ein Nord-Mensch den wunderbarsten Partner, die ideale Partnerin findet für eine spannende und erfüllte Lebensreise in gemeinsamer Entfaltung – und dass man dann doch schweren (oder auch leichten) Herzens auseinandergeht, weil das Gegenüber nicht erwachsen werden will. Sicher: „Geborene Hausmütterchen" und „Ersatz-Papas" springen dann gerne als Partner für das zurückbleibende ewige Kind ein, aber das wird niemandem das echte Lebensglück bringen.

Hier ist auch die Ursache verborgen, warum die Mächtigen und Tyrannen dieser Welt zwar den Fortschritt wünschen, sich aber gleichzeitig vor seinen Bringern fürchten. Der Fortschritt könnte ja bedeuten, dass man die „hohen Tiere" durchschaut und ihre Schwäche erkennt. Echter Fortschritt könnte einfach bedeuten, die Mächtigen loszuwerden.

Der Norden ist nur in echter Bewegung glücklich. Stillstand oder eingebildete, vorgetäuschte Bewegung rauben ihm die Lebenskraft. Im Zahlenrad ist nirgends Stillstand. Jede Station trägt einen eigenen Bewegungsaspekt zum Ganzen bei. Im Norden, bei den Zahlen ❻ und ❶ ist es die gespannte Ruhe vor dem Neubeginn – eine ungeheuer fruchtbare Phase, die den Keim zu vielen Lebensreisen in sich trägt.

Gleichzeitig ist hier auch das Ende des Kreises zu finden, der Übergang von Idee zu Öffentlichkeit – was wiederum Platz schafft für neue Ideen.

Kids und Teenies des Nordens müssen immer etwas Neues erfahren. Wenn sich ihre Eltern aus vor langer Zeit entstandener Resignation eher den oberflächlichen Dingen des Lebens verschrieben haben, wenn ihnen ein ruhiger Feierabend mit Bier und Mittwochskrimi heilig geworden ist – dann können die Kinder des Zahlenrad-Nordens manchmal chronisch „lästig" werden. Der Grund dafür ist schlicht, dass es den Eltern an Verständnis fehlt – sie haben sich den Zugang zu ihren Kindern vermauert. Das geht immer Hand in Hand damit, dass sie sich auch vor anderen Menschen abschotten. Die Kinder können dann ihre Fähigkeiten nicht ausleben und wehren sich unbewusst mit den verschiedensten Methoden gegen deren Beschneidung. Resignation und das So-Werden-wie-Mama-oder-Papa sind für unterdrückte Kinder des Nordens nur die allerletzte Option.

Einer der selten erkannten, tieferen Gründe für die Probleme mit manchen Nord-Kindern: Wenn sie sich vertiefen und mit Gründlichkeit, Präzision und Hingabe in das jeweils Untersuchte und Bearbeitete einsteigen wollen, bekommen sie von Eltern, Geschwistern, Lehrern allzu oft zu hören, sie seien „zu langsam". Nichts könnte ferner der Wahrheit sein, denn die Kinder durchmessen mit großer Geschwindigkeit Räume jenseits der Vorstellungskraft ihrer Kritiker in Heim und Schule! In zehn Minuten stiller Träumerei lernen solche Kinder mehr als andere in drei Stunden „ernsthaften Studiums".

Dabei wollen es diese Kinder nur ganz genau wissen. Sie machen nur selten etwas, bloß weil es „alle anderen" machen. Sie sind keine Mitläufer. Sie sind eigenwillig, verlangen „Extrawürste", hinterfragen alles. Bitte jedoch genau hinschauen: Dieses intensive Nachfragen ist nicht zu verwechseln mit dem ständigen Geplapper schlecht erzogener Kinder (dieses hat mit den Zahlenkräften nichts zu tun, sondern eher mit der verbreiteten Eltern-Hilflosigkeit). Aber wehe, die Nord-Kids haben zusätzlich viel Westen, also ❾ und ❹ im Geburtsdatum! Dann können sie sich durchsetzen oder versuchen es, auch wenn es nicht angebracht ist. Manchmal sogar mit „brutaler" Sturheit.

Alles in allem: Kinder mit ❻ und/oder ❶ im Geburtsdatum sind auf dem Weg. Sie brauchen nur sanfte Lenkung und viel Verständnis. Und die Einsicht, dass sie im

Leben erfolgreich sein werden, auch wenn sie einen völlig anderen Weg einschlagen als ihre Eltern.

Was ist, wenn man in manchen Fällen nach dem Kennenlernen des Zahlenrads, nach der Lektüre der Bedeutung der eigenen Zahlen oder denen eines nahestehenden Menschen überzeugt ist, das absolute Gegenteil vor sich zu haben? Was ist, wenn ich meine Talente nicht fühlen kann oder sie noch nicht gelebt habe? Wenn Sie das bei sich erkennen – nämlich, dass Sie ganz anders leben, als Ihre Zahlen es ausdrücken –, dann bedeutet das keineswegs automatisch, dass Sie dazu verurteilt sind, in Ihrem Leben niemals so richtig glücklich zu werden (weil Sie Ihrer eigentlichen Bestimmung entgangen sind).

Denn erstens ist es nie zu spät. Verlieren Sie nicht den Mut, denn der Schatz der ❻ und ❶ ist niemals verschwendet oder bis zur Neige ausgegeben. Vielleicht schreiben Sie ja zum Beispiel aufgrund Ihrer Erfahrungen aus Ihrem – gar nicht so recht zu Ihnen passenden – Berufsalltag hochinteressante Artikel oder einen spannenden Roman!

Solange Sie diese Zeilen lesen können, können Sie neu anfangen. Resignieren Sie niemals, sondern bringen Sie das Verborgene ans Licht. Denn es existiert tatsächlich! Stellen Sie sich in Ruhe die Frage „Was will ich wirklich?". Lassen Sie sich Zeit für die Antwort, denn diese Frage zu stellen haben Sie vielleicht schon so sehr verlernt, dass sich Ihre echten Wünsche ins Unbewusste zurückgezogen haben. Betrachten Sie dann unabhängig vom schon Erreichten: „Was kann ich von diesen Plänen umsetzen?". Noch nie hat sich jemand zum Erfolg gejammert!

Dem Norden sind die Farben Blau und Schwarz zugeordnet. In der Kleidung beispielsweise kann Blau Ihnen helfen, wenn Sie die ❻ und/oder ❶ in Ihrem Leben überhaupt nicht fühlen. Blau ist dann als Türöffner geeignet, als homöopathisches Medikament, als Einladung an den Kosmos, Ihnen wieder das Zugehörige, Ureigene zu schicken. Wenn Sie sich aber in der Beschreibung der Zahlen noch erkennen und die Kräfte der Zahlen fühlen, ist Arbeit mit der Farbe nicht unbedingt nötig (aber manchmal hilfreich). Gleichgültig, welche Zahlen Sie haben, die folgende hilfreiche Grundübung sollten Sie unbedingt einmal machen:

Sie machen eine Zeichnung vom Zahlenrad, tragen Ihre Zahlen im Rad ein und betrachten dann, welche Station(en) unbesetzt sind. Dann lesen Sie im Buch, wofür

diese Himmelsrichtung steht und wofür das Fehlende steht. Was gehört zu Ihnen, was wäre eigentlich das „Ihre" gewesen? Und was fehlt?
Dann meditieren Sie in Ruhe über die Fragen:

* Was bin ich heute?
* Was könnte ich sein?

Auch im Reich des Tiroler Zahlenrads gibt es keine eisern festgefügten Grundsätze, die man nur auswendig zu lernen braucht. Fast alles in der Natur, zahllose natürliche Zusammenhänge, entziehen sich schablonenhaften, wissenschaftlichen Denkweisen. Die moderne „Computermethode" bedeutet in vielen Fällen Verurteilen, Einteilen, Festlegen, Abstempeln, Unbeweglichkeit, Stillstand. So funktioniert die Natur nicht. Und das ist eine ihrer allerschönsten Eigenschaften.

Wenn Sie „Ihre" Zahlen nicht leben und trotzdem glücklich sind, gibt es keinen Grund, sich um das Entwickeln neuer Hobbys zu bemühen. Aber Ihre angeborenen Talente sollten befreit werden, wenn ihr Verborgensein Sie unglücklich macht oder wenn Sie eine tiefe Sehnsucht schon Ihr Leben lang unterschwellig verfolgt.

Wenn Ihr Norden „überbesetzt" ist, sollten Sie die Farben Blau und Schwarz in der Kleidung meiden und sich bei ❻ und/oder ❶ im Tagesdatum umsichtiger verhalten als sonst. Diese Zahlen sind der Nacht zugehörig, weil man bei Nacht für Neues zugänglicher ist. Zur Neutralisation und Heilung einer extremen Entwicklung ist die Farbe der gegenüberliegenden Station hilfreich. Im Falle des Nordens also die Farbe des Südens: Rot. Dabei hilft es schon viel, sich mit Menschen zu umgeben, die den Süden (❼ und/oder ❷) im Geburtsdatum haben, besonders wenn in Ihrem Geburtsdatum diese Zahlen fehlen.

Wir hoffen, dass es uns jetzt gelungen ist, die Zahlen ❻ und ❶ im Geburtsdatum zum Leben zu erwecken und Ihnen ein Gefühl für ihr besonderes, in die Tiefe und in die Zukunft gerichtetes Wirken zu vermitteln.

Acht und Drei – die mitfühlende Klarsicht im Osten

Empathie – ein Stichwort unserer Zeit. Die Fähigkeit, sich in das Gegenüber hineinzuversetzen, seine Motive zu verstehen, vielleicht sogar seine geheimsten Gedanken und Gefühle. Es scheint, als ob zu kaum einem Zeitpunkt in der Geschichte diese Fähigkeit notwendiger ist als heute. Wer mit einer ❽ und/oder ❸ im Geburtsdatum geboren wurde, bekam sie gleichsam in die Wiege gelegt.

Wer mit klarem Blick das Innere der Menschen und der Dinge durchleuchtet, wer sich vom schönen Schein nicht täuschen lässt, der ist fast immer mit den Zahlen des Ostens im Geburtsdatum bedacht – mit der ❽ und/oder ❸. Die Menschen des Ostens sind Meister im Auslassen von Fettnäpfchen. Das nötige Gefühl dafür, das Richtige zum richtigen Zeitpunkt zu tun, das ist ihr Geburtsgeschenk. Freuen Sie sich also an den Zahlen des Ostens, wenn Sie damit ausgestattet sind. Sie übertragen Ihnen ein „angeborenes Gespür“, eincn „grünen Daumen“ im Garten der Welt.

Mit ausgeprägtem Einfühlungsvermögen und Gespür für Energieflüsse stehen Ihnen öfter als anderen Menschen spezielle Türen im Leben offen, und Sie sollten dieses Geschick dankbar annehmen und lebendig werden lassen. Richtig gepflegt und wachgehalten, wird es Ihnen lebenslang helfen, Menschen und Situationen richtig zu beurteilen. Beginnend beim Umgang mit Kindern über die Fähigkeit zu heilen bis zur musikalischen Perfektion – alles ist möglich!

Wenn sie es wollen, wenn sie also nicht schon früh in Ihrem Leben gelernt haben, den Kopf in den Sand zu stecken, dann können Menschen mit ❽ und/oder ❸ im Geburtsdatum hinter die Kulissen blicken und das Feuer der Realität hinter dem Rauch der „Werbesprüche“ erkennen. Symptome täuschen sie nicht, die Ursachen liegen für sie offen zutage – einer der Gründe, warum sie von Natur aus die Fähigkeit zum Heilen mitbringen.

Wie alle Zahlen im Geburtsdatum übertragen auch die Zahlen des Ostens ihrem Besitzer und ihrer Besitzerin eine besondere Verantwortung. Sie erhalten die Kraft des Einfühlungsvermögens – sowohl in private Zusammenhänge kleiner Welten wie auch in weltgeschichtliche Zusammenhänge. Sie gewinnen zudem die Fähigkeit und Ausdauer, für eine Sache zu kämpfen, auch wenn es länger dauert. Im Osten des Zahlenrads ist Weitblick beheimatet, der in die Lage versetzt, auch für Situationen Verständnis zu gewinnen, die man nicht persönlich erlebt hat. Hier herrscht jugendlicher Elan bis ins hohe Alter, die Hoffnung, dass man etwas zum Guten bewegen kann, wird niemals aufgegeben. Die Selbstverständlichkeit, mit der die Jugend und die jugendliche Kraft die Welt erobert, ist für die ❽ und/oder ❸ das Natürliche, das Gewinnbringende.

Eine der großen Herausforderungen im Osten liegt in der Distanz zwischen Gespür und Tat, zwischen richtiger Wahrnehmung und ihrer Konsequenz, dem richtigen Handeln. Oftmals im Leben ist die korrekte Wahrnehmung *eine* Sache, sie in die Tat umzusetzen eine andere.

Bequemlichkeit bis hin zur Trägheit ist durchaus ein Thema in den östlichen Regionen des Zahlenrads. Manche Träger der ❽ und/oder ❸ geben sich mit ihrer präzisen Gefühlswelt schon zufrieden und betrachten die Dinge in aller Ruhe aus der Ferne. Nach einiger Zeit kann es dann ein unsanftes Erwachen aus dieser unnützen Form von „Meditation" geben. Die ❽ und/oder ❸ vergessen einfach manchmal, dass richtige Wahrnehmung ohne richtiges Handeln so ist, als ob man ein Weihnachtsgeschenk nicht öffnet, in pausenloser Vorfreude auf die Überraschung, die es enthalten könnte.

Es ist seltsam, aber wahr: Viele Menschen erkennen, was richtig wäre, und pflegen dann die Überzeugung, ihre Einsicht sei in irgendeiner Weise wertvoll, auch wenn sie nicht danach handeln. Aus diesem Teufelskreis (denn das ist er tatsächlich!) entkommt man nur mit Willenskraft und der Erkenntnis, dass auch das Besteigen des Mount Everest mit einem einzigen kleinen Schritt beginnt. Es ist niemals zu spät, um loszumarschieren.

Die Berufe und Arbeitsfelder der ❽ und/oder ❸ liegen in erster Linie in sozialen, den Menschen zugewandten Bereichen, wo sich die Talente besonders entfalten können. Die Palette reicht von Heiler und Ärztin, von Pfleger, Psychologin, Prediger bis zu Sänger und Musikerin. Geschickte und geduldige Verhandler, generell alle Berufe, die viel Geduld erfordern, Bio-Bauern, Kindergärtnerinnen, Tierpfleger und so weiter – sie alle können vom besonderen Geschenk der ❽ und/oder ❸ profitieren. In diesem Zusammenhang kommt manchmal ein feiner Unterschied zwischen den beiden Zahlen zum Tragen: Die ❸ tendiert um ein Winziges mehr in Richtung Arzt und Heiler, während die ❽ einen Hauch mehr von der Kraft der Musikalität in sich trägt.

Die Menschen des Ostens können sehr erfrischend sein, weil sie immer etwas vorhaben. Der Osten verkörpert den Neuanfang im Außen ebenso wie die Wiederbelebung. Er repräsentiert den Frühling, deshalb ist ihm auch die Farbe Grün zugeordnet. Grün bringt voran, alle Entwicklungen verlaufen schneller. Immer wenn irgendwo etwas ins Stocken gerät, sind die Menschen des Ostens meistens hilfreich zur Stelle, weil sie solche Herausforderungen lieben. Und man ist meist froh, wenn sie auftauchen, weil ihre liebenswürdige Art und das sanftmütige Eingreifen jegliche echte Zusammenarbeit erleichtern. Geduld gehört einfach zum „eingebauten" Werkzeug der ❽ und/oder ❸. „Sand im Getriebe" zu beseitigen ist eine ihrer Lieblingsbeschäftigungen.

Bei Kindern mit dem Osten im Geburtsdatum ist die große Sensibilität schon früh erkennbar. Zu den wichtigsten Erziehungstipps gehört hier, dass man sie niemals ohne ihr Wissen allein zu Hause lassen sollte – etwa, wenn sie bereits schlafen und die Eltern dann heimlich das Haus verlassen, um noch auszugehen. Man kann sie durchaus allein lassen, das ist meist nicht das Problem, aber die Kinder des Ostens vergessen und verzeihen nicht leicht, wenn man sie enttäuscht oder belügt, und sei es aus bester Absicht. Es erschüttert ihr Weltvertrauen bis in die Grundmauern, und: „Ich hab es ja nur gut gemeint!" ist ein Satz, mit dem man ihr Vertrauen sicherlich nicht gleich wieder zurückgewinnt.

Auch sollten diese Kinder vor dem Schlafengehen keine Geschichten zu hören oder zu sehen bekommen, die in irgendeiner Weise Grausamkeiten beschreiben (viele der klassischen Märchen gehören ja dazu). Harry Potter als Betthupferl? Keine gute Idee für Kinder des Ostens! Generell gilt, dass sich Kinder mit ❽ und/oder ❸ im Geburtsdatum alles viel mehr zu Herzen nehmen, dass sie sehr tiefgründig, manchmal traumtänzerisch durchs Leben (und die Schule!) wandeln und viel nachdenken. Wie Kinder mit den Zahlen ❽ und/oder ❸ fördern? Mit viel Zuneigung, Aufmerksamkeit, Geduld, Verständnis. Musische Begabungen fördern, Instrumente erlernen lassen, Fähigkeiten nicht bekämpfen. Das ist schon eine Garantie für die Entfaltung ihrer besonderen Talente.

Und auch hier wieder die Frage: Was, wenn Sie eine ❽ und/oder ❸ im Geburtsdatum tragen und sich in der Beschreibung der Zahlen des Ostens nicht erkennen können und Ihre Talente nicht fühlen? Oder wenn jemand in Ihrer Umgebung diese Zahlen aufweist, aber kaum Ansätze der Eigenschaften erkennen lässt, die wir hier beschrieben haben?

Keine Sorge – es gibt sicherlich Gründe dafür, warum sich alles so entwickelt hat. Meist muss man nicht lange suchen und nur einen genauen Blick auf die Geschehnisse in der Kindheit werfen, die verhindert haben, dass sich die Schatzkiste ganz öffnete und zur Verfügung stand. Was auch immer passiert sein mag: Es ist niemals zu spät, das Geschenk anzunehmen und in eine Kraftquelle zu verwandeln. Es ist Ihr Leben, Ihr Drehbuch. Lassen Sie niemals zu, dass es andere Menschen für Sie führen oder für Sie schreiben.

Vielleicht haben Sie schon sehr früh begonnen, Ihre wahren Gefühle für sich zu behalten, weil in Ihrer Familie niemand dafür Verständnis hatte. Vielleicht gehörte es zu den „Familientraditionen", Gefühle einfach nicht zu zeigen. Dann gewöhnt man sie sich eben ab, nach der Devise: „Ein echter Indianer weint nicht" (und so manche Indianerin auch nicht). Wir denken, dieser elende Spruch aus einer traurigen Zeit hat schon Kriege ausgelöst, weil nichts ferner der Wahrheit sein könnte.

Fast alle schlechten Eigenschaften, zu denen Menschen fähig sind, haben ihre Wurzeln in der Unterdrückung von Gefühlen, in der anerzogenen Unfähigkeit, sie kennenzulernen, zu benennen, zu beherrschen. Ganz besonders was einen gesunden Umgang mit Liebe und Sexualität betrifft.

Versuchen Sie Ihre persönlichen Gründe für die Betäubung des Ostens zu entdecken. Und bitte vergessen Sie nicht: Wenn Sie sich in Ihrem jetzigen Zustand rundum wohl fühlen (aber sich in der Beschreibung des Ostens nicht erkennen, obwohl sie ihn besitzen), dann haben Sie keinen Anlass, lange darüber nachzugrübeln. Sie haben sich das Leben einfach auf andere Art eingerichtet, und das ist in Ordnung so. Sollten Sie aber fühlen, dass sich Ihr Osten nur versteckt hat und neu zum Leben erwachen möchte, dann haben Sie verschiedenste Möglichkeiten ihn aufzuwecken. Die einfachste und am schnellsten wirksame ist die Arbeit mit Farben. Ob in der Kleidung oder im Haus, in Büro, Schlaf- und Wohnzimmer, in Kinderzimmern, bei Teppichen, Vorhängen, Bildern oder bei der Tischwäsche – Ihrer Fantasie sind keine Grenzen gesetzt.

Für den Osten ist wie gesagt die Farbe Grün zuständig. Tragen Sie in dem Fall möglichst viel Grün, um den Osten zu wecken. Wenn Grün ohnehin zu Ihren Lieblingsfarben zählt, haben Sie intuitiv den richtigen Weg eingeschlagen. (Aber Vorsicht! Das gilt jetzt nur, wenn Sie den Osten zu wenig erleben und ausleben! Grundsätzlich brauchen Sie als voll entwickelter Mensch des Ostens eher nicht so viel Grün.) Darüber hinaus können Sie darauf achten, möglichst viele grüne Lebensmittel wie Gemüse, Salat und Kräuter in Ihren Speiseplan aufzunehmen.

Wenn Ihre Berufswahl nach dem bisher Gelesenen „danebengegangen" ist, dann sollten Sie sich Gedanken machen, mit welchem Hobby oder mit welcher Umschulung Sie dem Osten neue Nahrung geben würden. Das Musikalische der ❽ und/oder ❸ lässt sich glücklicherweise in jedem Alter nachholen und schenkt innere Zufriedenheit. Sie müssen ja nicht gleich eine Musikgruppe gründen – es genügt, sich der Musik nach Gefühl zu nähern. Andererseits: Warum nicht etwas gründen? Gerade ältere Menschen haben uns allen viel zu bieten. Der Jugendwahn früherer Tage ist ein aussterbendes Modell. Zumindest bei allen Menschen, die aufwachen wollen.

Eine weitere einfache und wirksame Methode zum Aufwecken des Ostens ist es, die Zahlen ❽ und ❸ auf einen kleinen Zettel zu schreiben und diesen bei sich zu tragen. Wenn es auch noch grünes Papier ist, verstärkt das die Wirkung. Spätestens bei diesem Tipp wird sich manche Leserin, mancher Leser vielleicht an den Kopf greifen und sagen: „Jetzt ist es aber genug! Seit wann kann so etwas helfen?" Ja, es klingt schon etwas exotisch. Aber so vieles auf dieser Welt kann niemand erklären, und es funktioniert trotzdem wunderbar.

Probieren Sie es aus, spüren Sie, wie gut alles funktioniert, und lassen Sie sich dann die große Kraft der persönlichen Erfahrung nie wieder stehlen – weder von wohlmeinenden Experten noch von sonst irgendjemandem, der handfeste Beweise dem gesunden Menschenverstand vorzieht. Hätten nur diese die Welt in der Hand, sie wäre in einem noch schlechteren Zustand, als sie jetzt schon ist. Das Tiroler Zahlenrad kann uns allen helfen, wieder zurückzufinden zu dem fröhlichen, liebevollen Plan, den Gott mit uns und dieser Welt hat.

Wecken Sie die „grünen" Fähigkeiten des Ostens in Ihrem Zahlenrad auf, zu Ihrem eigenen Besten und damit zum Wohl aller Menschen in Ihrer Umgebung. Und wenn Sie den Vorwurf: „So kenne ich dich ja gar nicht!" zu hören bekommen, dann lächeln Sie in sich hinein, weil Sie wissen, dass Sie auf dem richtigen Weg sind. Lassen Sie sich diesen Fortschritt nicht mehr nehmen. Was aber nun, wenn die (im wahrsten Sinne des Wortes) tiefgreifenden Energien des Ostens ausufern, sich überstark entwickeln und gezähmt werden müssen? Das kommt vor allem dann vor, wenn man zu viele Einheiten der Zahlen ❽ und/oder ❸ im Geburtsdatum aufweist, beispielsweise an Geburtsdaten wie dem 3. 8. 1988, dem 18. 3. 1938 und so weiter. Nicht selten bedeuten so viele Zahlen in einer Himmelsrichtung ein Überschwappen, ein Zuviel des Guten. Man bewegt sich zum Rand hinaus. Solch überaus sensible und empfindliche Menschen neigen dann dazu, ihre Gefühle und Wahrnehmungen eher zu verstecken, statt den Umgang mit den großen Energien zu erlernen und ihnen eine fruchtbare Richtung zu geben. Gefühle und Erkenntnisse, deren Umsetzung unbequem für einen oder mehrere Beteiligten wären oder gar für Umwälzungen in Familie oder Gemeinschaft sorgen würden, werden dann eher unterdrückt. Für die wohlwollende Mitwelt ist der Umgang mit solchen Menschen manchmal problematisch, weil die anderen ja intuitiv fühlen, dass dieser Mensch nicht so ist, wie er sich gibt.

Wer im Osten ein Übergewicht fühlt, sollte die Farbe Grün in der Kleidung meiden und sich an Tagen mit den Zahlen ❽ und/oder ❸ im aktuellen Tagesdatum umsichtiger verhalten als sonst. Geht es um Neutralisation und Heilung einer extremen Entwicklung, ist immer die Farbe der genau gegenüberliegenden Station hilfreich. Im Falle des Ostens also die Farbe des Westens: Weiß. Dabei hilft es schon viel, sich mit Menschen zu umgeben, die den Westen (❾ und/oder ❹) im Geburtsdatum haben – besonders wenn Ihnen der Westen fehlt.

Sie wissen jetzt, wo Ihre Begabungen als Mensch des Ostens liegen, gleichgültig, ob die Schätze auf das Freilegen warten oder ob die Kräfte eher etwas gezügelt werden müssen. Mit ❽ und/oder ❸ im Geburtsdatum hat man einfach so viel Gespür und Gefühl, dass man nur selten für irgendeinen „Sand im Getriebe“ verantwortlich ist. Der kleine Unterschied: Menschen ohne ❸ im Geburtsdatum halten nicht viel Trubel aus, und ohne ❽ packen sie Dinge oftmals eher umständlich an – weil die natürliche, organische Betrachtungsweise fehlt, die sich schnell einfühlen kann.

Sieben und Zwei – Feuer und Leidenschaft des Südens

Bei Menschen mit den Zahlen ❼ und/oder ❷ im Geburtsdatum liegt eines klar auf der Hand: Das Temperament haben sie für sich gepachtet. Dieser Ausstrahlung kann man sich nur schwer entziehen und man sollte es auch gar nicht. Stark, ausdrucksvoll, unabhängig und energisch wirken diese Menschen. Manchmal hat man den Eindruck, als gäbe es nichts, was ihnen nicht gelingt. Sie bieten der Welt die typische „starke Schulter" dar. Zwar hält sie nicht immer, was sie verspricht – aber nicht, weil die Kraft nicht da wäre, sondern als Folge einer zeitweiligen oder chronischen Überforderung.

Die Jahreszeit des Südens ist der Sommer, der fröhliche Reifeprozess, wo Erfahrungen ausgelebt werden, der Höhepunkt des Lebens. Nicht überraschend ist dieser Himmelsrichtung des Zahlenrads die Farbe Rot zugeordnet. Was die Unterschiede in der Kraftwirkung betrifft: Zwischen ❼ und/oder ❷ gibt es nur eine minimale Abstufung. Die ❷ wirkt etwas spontaner, heftiger und nicht so lang anhaltend. Die ❼ verleiht etwas mehr Temperament, wirkt aber nicht ganz so spontan, dafür länger und etwas ausdauernder.

Die charismatische Erscheinung der Süd-Menschen wirkt regelrecht „raumfüllend". Fast immer finden sie schnell Lösungen, langes Grübeln ist ihnen eher fremd. Das macht sie auch zu unterhaltsamen Weggenossen. Philosophen, Architekten, Forscher und Maler können sich gut mit dem Süden und seinen Eigenschaften anfreunden. Theater, Film, Fernsehen, die ganze Medienwelt wäre ärmer ohne die starken Charakterdarsteller aus dem Süden des Zahlenrads. Auch viele Schauspieler sind hier zu finden.

Die Menschen des Südens finden überall Gehör. Ein Politiker mag noch so gut sein, er wird sich schwer tun bei Wahlen und Karriere, wenn er keine ❼ und/oder ❷ im Geburtsdatum hat. Die gewandte Rhetorik eines Süd-Menschen genügt manchmal, um Dinge in Bewegung zu setzen. Deshalb findet sich hier des Öfteren auch der eine oder andere Dampfplauderer und Marktschreier, wenn andere Himmelsrichtungen im Geburtsdatum des Betreffenden oder ausreichende Lebenserfahrung nicht für Ausgleich sorgen.

Die Zahlen ❼ und/oder ❷ sorgen mit ihrer Energie dafür, dass auch schwierige Angelegenheiten in Angriff genommen werden. Sie geben enormes Durchhaltevermögen mit auf den Weg. Eine Idee löst sich nicht nach ein paar Tagen in Luft auf, auch dann nicht, wenn nicht alles nach Plan läuft. So manche Kundgebung gegen Missstände, manche Aufdeckung dunkler Machenschaften haben wir Menschen mit diesen Zahlen zu verdanken. Es muss sich aber lohnen! Ausdauer ohne Erfolgsaussicht zahlt sich in den Augen der Menschen des Südens nicht aus.

Kinder mit dem Süden im Geburtsdatum tun gut daran, sich vor dem Schlafengehen noch einmal richtig auszutoben. Das Gefühl, den Tag nicht richtig genutzt zu haben, macht sie sonst fast krank. „Schäfchenzählen" würde ihnen nichts helfen, um wirklich Ruhe zu finden. Mit ❼ und/oder ❷ möchte man das Leben spüren und erobern, junge Leseratten sind unter Signaturen mit Schwerpunkt Süden eher selten zu finden.

Am besten fördert man den Süden-Aspekt bei Kindern, wenn man sie in Sportvereine gehen lässt, um dem Bewegungsdrang ein Ventil zu geben. Sie lieben einfach die Herausforderung, die Beweise ihrer Geschicklichkeit. Orden, Pokale, Medaillen – solchen äußeren Zeichen der Anerkennung sind die Kinder alles andere als abgeneigt. Sie heften sich gerne etwas an die Brust, sind Kämpfer, die gerne im Mittelpunkt stehen, besonders bei der Preisverteilung.

Eine gewisse Gefahr ist hier verborgen, weil diese Neigung, wenn sie auch noch ins Erwachsenenleben mitgenommen wird, manchmal dafür sorgt, dass man sich leicht manipulieren lässt. Wir alle kennen Menschen, die für einen Blechpokal so gut wie alles geben würden. Leider ist man bei der Überwindung solcher Kindereien meist auf sich allein gestellt, weil diese Neigungen in vielen Bereichen des Erwachsenenlebens lebendig sind, (aus)genutzt und aktiv gefördert werden. Beispiel sind die Schildchen für den „Mitarbeiter des Monats" in Firmen, die routinemäßig Hungerlöhne zahlen. Wenn Sie bei Ihrem Kind solche Neigungen spüren, einfach immer wieder Anerkennung zollen, gleichzeitig aber langsam den Unterschied zwischen echter Anerkennung und den Mechanismen von Zuckerbrot und Peitsche begreiflich machen. Kinder lernen schnell und können dann später Heuchelei viel leichter durchschauen.

Wenn Sie Ihren Süden nicht wahrnehmen können: Angenommen, Sie kennen einen molligen Stubenhocker mit ❼ und/oder ❷ im Geburtsdatum, der beim besten Willen nicht der Beschreibung der Zahlen des Südens entspricht. Was ist mit diesem Menschen geschehen? Die Kraft des Südens hat sie oder er sicher reichlich in sich. Aber wie so oft trifft die leuchtende Kraft auf erstickende, verdunkelnde Einflüsse: „Tu das nicht, lass das, sei vorsichtig, führ dich nicht so auf!", oftmals begleitet von nachdrücklichen Maßnahmen zur Durchsetzung der elterlichen Befehlsgewalt. Ein dauerndes Unterdrücken des fröhlichen Temperaments und der Leidenschaft des Südens führt oft zu resignierter Trägheit und gleichzeitig zu unkontrollierten Gewaltausbrüchen. Solche Entwicklungen lassen und ließen sich in langen Jahrhunderten leicht für egoistische Zwecke missbrauchen.

Ein solcher Mensch muss tief in sich hineingehen, um die Energie der ❼ und/oder ❷ wieder zu beleben. Vielleicht muss er oder sie auch Hilfe von außen in Anspruch nehmen, etwa in Form einer Familienaufstellung. Das ist eines der wirksamsten Werkzeuge, um Vergessenes und Verdrängtes ins Licht zu bringen – jedem zu empfehlen, der sich nicht auf Anhieb in „seinen Zahlen“ wiedererkennt. Übergewicht ist oft der ausgeworfene Treibanker, der das Körper-Schiff verlangsamen und dem Kapitän seine wahre Kraft verschleiern soll. Nur Mut! Kurz ist die Scheu, aber lang die Freude an der Einsicht und der neu gewonnenen Freiheit.

Die Wiederbelebung ist das Entscheidende. Ziehen Sie ab sofort mehr rote Kleidung an. Gehen Sie auf Partys, fühlen Sie das Leben wieder, es gehört Ihnen. Natürlich gibt es Lebensstationen, in denen man keine Lust hat, genau solche Dinge zu tun. Das ist absolut okay! Viele Situationen brauchen Zeit, um verkraftet und verdaut zu werden, Zeit zum Trauern, zum Eingewöhnen und so weiter. Aber alles im Leben hat seine Zeit, auch das Aufwachen! Wenn Sie also über lange Zeit ihren Frust auf die Wohnzimmercouch tragen und von Fernsehprogramm und Chips Ihre Fähigkeit zu denken und zu fühlen betäuben lassen, dann machen Sie in Ihrem Leben etwas falsch. Mit dem Süden im Geburtsdatum gehören Sie von Geburt an zu den Mutigen, die immer wieder aufstehen können, was auch immer sie niedergedrückt hat. Wenn sich der Süden versteckt hält, dann hat das einen Grund. Bringen Sie Licht in dieses Dunkel und alles gleitet wieder in geordnete Bahnen.

Immer wieder geschieht es, dass äußerlich ruhige und gelassene Menschen seelisch auf einem Pulverfass sitzen. Andressierte Denk- und Verhaltensgewohnheiten sorgen dafür, dass niemand weiß, wie man sich wirklich fühlt. Das kann nicht nur sehr gefährlich sein, sondern auch chronisch krank machen. Wenn niemand Sie so kennt, wie Sie eigentlich manchmal sein wollen, dann sammeln Sie ständig „Pulver“, Gramm für Gramm. Lernen Sie also so bald wie möglich einen gesunden Umgang mit Ihren Energien, dann müssen Sie nicht auf einmal abrupt nach außen Dampf ablassen oder nach innen zerstörerisch wirken. „Trainieren“ Sie ruhig anfangs mit fremden Menschen. Nach und nach leben Sie dann Ihr Leben, wie es eigentlich für Sie gedacht ist, mit Ihrem angeborenen Temperament. Sie gehören nicht versteckt. Und niemals vergessen: Jeder Mensch hat das Recht, nur dort zu leben, wo man ihn akzeptiert, gerne sieht und liebt!

Bei allen Himmelsrichtungen und bei der Mitte kann es zu Extrem-Entwicklungen kommen, wenn zu viele Zahlen eine Station besetzen, besonders wenn mehr als 10 Einheiten vorhanden sind (etwa bei zweimal ❼). Im Süden allerdings wäre eine Schwerpunktbildung noch extremer, weil meist augenfälliger. Findet eine solche Entwicklung im Osten (❽ / ❸) statt, kann sie lange unentdeckt bleiben, weil sie oft mit einem starken Rückzug nach innen verbunden ist. Im Süden ist die Gefahr der Übersteigerung von Temperament in Übererregbarkeit, von Begeisterungsfähigkeit in Hysterie schneller erkennbar. Auch besteht die Gefahr eines Abgleitens in Anfälle von Jähzorn, in Herrschsucht und Rechthaberei. Das Zuviel kann sich aber auch ins Gegenteil verkehren und vom lebhaften Süden ins mutlose Nichtstun abgleiten.

Kinder mit Schwerpunkt im Süden sollte man nicht ständig bremsen und zu blockieren suchen, sondern die Energien in sinnvolle Bahnen lenken. Der Bewegungsdrang wäre natürlich in sportlicher Aktivität am besten kanalisiert, das Kind rennt seiner Konkurrenz sicher auf und davon. Ausdauer im Sport ist nicht jedem gegeben, dem starken Süden jedoch schon. Und dann wäre da noch das Tanzen: Die Fähigkeit dazu ist Ihnen in die Wiege gelegt. Natürlich kann jeder tanzen, und es wäre ein echter Fortschritt für die Menschheit, wenn es zum Unterrichtsfach in unseren Schulen würde. Die Kinder des Südens müssen Tanzen gar nicht erst lernen (nur die Schrittfolgen muss man ihnen zeigen). Sie können es meist schon. Während sich andere keuchend abplagen, tänzeln sie beschwingt übers Parkett, selbst wenn sie eine Vergangenheit als Fernseh-und-Chips-Süchtiger haben.

Kindern mit viel ❼ und/oder ❷ im Geburtsdatum sollte man abends nicht zu oft gekochte Speisen vorsetzen – am besten gar keine Mahlzeit mehr. Sie finden sonst lange keinen Schlaf, weil Gekochtes die Farbe Rot in sich trägt und sie somit verstärkt. (Fehlt hingegen bei einem Kind der Süden, dann ist ein gekochter Brei oder eine warme Suppe genau das Richtige für die nötige Bettschwere.) Wer im Süden „überbesetzt" ist, sollte die Farbe Rot in der Kleidung meiden und sich an Tagen mit den Zahlen ❼ und/oder ❷ im aktuellen Datum vorsichtiger verhalten als sonst.

Geht es um Neutralisation und Heilung einer extremen Entwicklung, ist immer die Farbe der genau gegenüberliegenden Station hilfreich. Im Falle des Südens also die Farbe des Nordens: Blau oder Schwarz. Dabei würde es schon viel helfen, sich mit Menschen zu umgeben, die den Norden (❻ und/oder ❶) im Geburtsdatum haben, besonders, wenn man selbst keinen Norden aufweist. Der größtmögliche Erfolg mit einer Station stellt sich ein, wenn man seine Schätze immer „im Kreis" weitergibt, an die nächste Station. Im Falle des Südens also an den Westen – an Menschen mit ❾ und/oder ❹ im Geburtsdatum. Und schon haben Sie Mittel in der Hand, um einen überstarken Süden zu zähmen.

Neun und Vier – Geschick und Scharfsinn im Westen

Das Geschenk der Zahlen ❾ und/oder ❹ im Geburtsdatum: Ja, wo beginnen? Es gibt im Westen so viel zu sagen, dass es schwerfällt, eine sinnvolle Reihenfolge einzuhalten. Der Westen mit ❾ und/oder ❹ im Geburtsdatum bringt eine solch starke Kraft mit ins Leben! Und wer eine ❾ vorfindet, der hat schon fast gewonnen, möchte man sagen. Es ist tatsächlich so: Der ❾er setzt sich fast immer durch. Manchmal ist es im alltäglichen Umgang nicht leicht für „Normalsterbliche" ohne den Bonus der ❾, diese guten Leutchen um sich zu haben. Normalerweise sind Menschen, die nicht wissen, was sie im Leben wirklich wollen, viel schwerer zu ertragen, aber der Westen und speziell die ❾ kann einem mit seiner Effizienz und unbeirrten Zielstrebigkeit bisweilen den letzten Nerv kosten. Wieder einmal kommt es im Alltag und für ein gedeihliches Miteinander darauf an, wie gut ich mich in den anderen einfühlen kann, um zu gestalten, was für alle Beteiligten das Beste ist.

Strebsam und erfolgsorientiert stehen Menschen der ❾ und/oder ❹ meist an der Front. Sie haben nicht nur den Erfolg im Plan, sondern sind auch bereit, dafür schwer zu arbeiten und manchmal unerhörte Tüchtigkeit an den Tag zu legen. Die „kreative Phase" dauert bei ihnen eigentlich lebenslang, und nur selten verschließen sie ihre Ohren konstruktiver Kritik, wenn sie ihnen Neues bringt und sinnvolle Veränderung einläuten könnte. Angeborener Ehrgeiz kombiniert mit Scharfsinn bringt sie weit nach vorn. Ein Chef, ein Manager, eine Geschäftsführerin, eine Anwältin ohne ❾ und/oder ❹ – das ist eher selten zu finden.

Auch die genialen Handwerker sind hier zu Hause. Die Menschen des Westens fühlen sich oftmals am wohlsten in Berufen, in denen sie etwas Sichtbares schaffen, bauen, errichten, am liebsten mit den eigenen geschickten Händen. Diesen Händen zuzuschauen ist fast immer eine reine Freude. Im Gegensatz zu den Trägern zweier „linker Hände" ist ihre Arbeit fast wie ein Tanz. Elend traurig wird einem manchmal bei diesem Anblick, wenn man bedenkt, wie sehr es sich unsere Gesellschaft gefallen ließ, handwerkliche Berufe im Prestige abzuwerten gegenüber rein akademischen Berufen. Welche Folgen das hat, lässt sich jeden Tag im Wirtschafts- und Umweltteil der Tageszeitungen nachlesen. Wir freuen uns auf den Tag, an dem es wieder großen Respekt auslöst, wenn man jemanden sagen hört: „Ich bin ein Tischler!" Und natürlich auf den Tag, an dem das Gesetz vorschreibt, dass nur derjenige Landwirtschaftsminister werden kann, der mindestens ein Jahr als Bio-Landwirt gearbeitet hat!

Die Zahlen ❾ und/oder ❹ vermitteln Beharrlichkeit und ausgeprägten Geschäftssinn. Wobei der Unterschied in beruflicher Hinsicht zwischen beiden Zahlen zu beobachten ist: Wer eine ❹ hat, bei dem sind die handwerklichen Fähigkeiten, die des Technikers und Bastlers, etwas stärker vertreten, während bei der ❾ der Geschäftssinn noch mehr hervortritt. Generell sind die Menschen des Westens sehr anspruchsvoll in der Berufswahl, ein 08/15-Beruf kommt nicht in Frage, höchstens unfreiwillig. Den klugen Umgang mit Geld lernen sie so selbstverständlich wie Fische das Schwimmen. Bankgeschäfte gehören zum täglichen Vergnügen, während es den anderen Himmelsrichtungen eher als notwendiges Übel erscheint. Diese Fähigkeit sollte unbedingt genutzt werden.

Der Westen fürchtet sich vor nichts und treibt die Dinge voran, bis das Vorhaben zu Ende gebracht ist. Geniale Erfinder sind ebenfalls im Westen angesiedelt. Manche sind mit ihrer Genialität der Zeit weit voraus und werden erst nach ihrem Tod berühmt. Techniker, klug rechnende Kaufleute, Mechaniker, Pilotinnen, Rennfahrer, ehrgeizige Sportlerinnen, Sekretäre und Sekretärinnen – sie alle sind im Westen zu Hause. Gute Assistentinnen und Assistenten sind oftmals das Herz und die Seele einer Firma, Rückgrat und Motor und „Tankstelle" erfolgreicher Chefinnen und Chefs. Die Kräfte des Westens, die Energie der ❾ und/oder ❹ gehören zur idealen Ausrüstung dieser wertvollen Menschen. Sie kennen eine solche Perle und sie hat keine ❾ und/oder ❹? Solche Ausnahmen sind natürlich auch vorhanden. Hat man neben dem festen Willen das Glück, einem echten, begabten und menschenfreundlichen Lehrer zu begegnen, dann vermittelt er oder sie einem mühelos die Freude am Erobern des unbekannten Westens. Wir kennen einige Menschen ohne ❾ und/oder ❹, die sich in die zahlen- und faktenschwere Materie des Westens eingearbeitet haben. Nichts ist unmöglich. Sie fühlten, dass sie hier einen Ausgleich schaffen mussten.

Kinder des Westens brauchen Sie in den meisten Fällen gar nicht erst zu erziehen: Sie tun sowieso, was sie wollen. Das heißt nicht, dass es unweigerlich schwierige Kinder werden, ganz im Gegenteil. Sie leben ihr Leben, und wenn sie gute Vorbilder um sich haben, sind sie zufrieden. Die Kinder des Westens sind Kämpfer und Sieger! Mit all den großen Fähigkeiten der ❾ und/oder ❹ startet es sich leichter ins Leben, aber gesunde Grenzen müssen manchmal gezogen werden.

Vielleicht haben Sie jetzt ein Gefühl für die Kraft und Energie des Westens gewonnen. Und gleichgültig ob als Kind oder als Erwachsener, diese Kraft gehört ausgelebt. Dass Geld und „Reichtum" dem West-Menschen wichtig ist, gehört zum Erbe der ❾ und/oder ❹. Der Wunsch danach ist moralisch nicht verwerflich. Was zählt, ist der geschickte und menschenfreundliche Umgang damit. Es gehört zu Ihrem Lebensglück.

Was aber, wenn Sie den Westen in Ihrem Geburtsdatum nicht in Ihrer Lebenserfahrung fühlen können? Es kommt natürlich vor, dass Sie sich in dieser Beschreibung nicht wiederfinden, dass Sie ganz anders empfinden. Wenn das bei Ihnen der Fall ist oder bei jemandem, den Sie gut kennen, dann ist jetzt ein guter Zeitpunkt, um ein wenig „Detektiv der Seele" zu spielen. Es gibt die unterschiedlichsten Gründe, warum sich ein Westen nicht ans Licht des Tages arbeitet und seine Kräfte entfaltet. Wenn die Unterdrückung in früher Kindheit begonnen hat, wenn das Urvertrauen verloren ging, ist es etwas schwieriger, aus der Blockade wieder in Fluss zu kommen. Der Westen bringt viel Zielbewusstsein und Willenskraft mit, beides Aspekte, die vielen Kindern in autoritärer Weise „ausgetrieben" werden.

Möglicherweise genügt es, Ihre Erinnerung an andere Zeiten und andere Gefühle zu wecken? Beginnen Sie unbedingt genau hier und jetzt, anders zu denken als bisher. Jetzt gleich! Probieren Sie es zumindest, verlassen Sie Ihre alten Denkweisen, wie Sie einen alten Film ausschalten, von dem Sie genug haben. Schreiben Sie Ihr eigenes Drehbuch! Dann schauen Sie sich den neuen Film an und drehen die Lautstärke auf.

Die Farbe des Westens ist Weiß. Arbeiten Sie mit der segensreichen Kraft, die Sie aus der Anwendung dieser Farbe im Alltag holen können. Sie wird Ihnen helfen, in Startposition zu gehen. Bitte aber nur, wenn das auch tatsächlich Ihr Wunsch ist! Wenn Sie sich im Westen nicht erkennen, obwohl ❾ und/oder ❹ in Ihrem Geburtsdatum auftaucht, und wenn Sie gleichzeitig so richtig glücklich mit Ihrem Leben sind, dann ist alles gut so wie es ist, und Sie brauchen auch keinen Anstoß zu Veränderungen.

Aber wir gehen jetzt weiterhin davon aus, dass Sie aufgeweckt werden wollen. Allein mit der Anwendung der Farbe Weiß können Sie viel gewinnen – in der Kleidung, im Lebensumfeld, am Arbeitsplatz. Wohnräume sollten viel Weiß zeigen und wenig bunten Schnickschnack. Auch weiße Tischdecken sind für Sie besser als farbige. Weiß macht Sie willensstark, mutig, erfinderisch, selbstgewiss. Vermeiden Sie dagegen zu viel Grün in der Kleidung, weil es in diesem speziellen Fall das Blockieren der Energien des Westens fördert.

Mit der klugen Verwendung der Zahlen ❾ und/oder ❹ im Alltag lässt sich ebenfalls einiges für Sie bewegen. Wo immer möglich – bei Telefonnummern, Zimmernummern, Autokennzeichen und so weiter – wählen Sie die ❾ und/oder ❹ als Element des Ganzen. Auch hier funktioniert der Trick sehr gut: Schreiben Sie die Zahlen ❾ und/oder ❹ auf ein weißes Stück Papier oder Stoff und tragen Sie es bei sich. Dieser Tipp mag ein wenig seltsam klingen, aber das macht nichts: Sie müssen ja auch nicht ein Auto bauen können, bevor Sie damit fahren. Was auch immer Sie nun daraus machen – Anregungen haben Sie genug. Bitte keine Übertreibungen, denn es geht ja nur darum, den Westen zu wecken. Ist er wach, kann alles ins rechte Maß zurückkehren, auch die Betonung der Farbe Weiß in Ihrem Leben.

Leistet der Westen „zu viel des Guten", gelten im Wesentlichen die gegenteiligen Maßnahmen wie zuvor beim Aufwecken der Kräfte der ❾ und/oder ❹ beschrieben.

Dass die Schwerpunktbildung einer Himmelsrichtung ausgeglichen werden muss, kommt immer wieder vor. Haben Sie viel Westen im Geburtsdatum (beispielsweise beim Geburtsdatum 16. 4. 1969), dann gestaltet sich der Umgang mit diesen Kräften manchmal etwas schwieriger.

Symptome eines ungesunden Übergewichts im Westen können egoistische Ausbrüche sein, aber auch Alleingänge im Privat- und Geschäftsleben, obwohl erst Teamarbeit zum Erfolg führen würde. Die ❾ – das ist viel Durchsetzungskraft, aber manchmal auf Kosten des Miteinanders im Team. Gesunder Geschäftssinn kann sich so stark entwickeln, dass er Grenzen des Menschlichen überschreitet und dass Berechnung, Bestechung oder zerstörerische Energien später alles kaputtmachen.

Wer den Zusammenhang zwischen der ❾ und/oder ❹ und der Farbe Weiß nicht kennt und mit beiden Zahlen oder gar zweimal ❾ gesegnet ist, der verstärkt mit weißen Kleidungsstücken unabsichtlich die egoistischen, mutwilligen Tendenzen dieser Zahlenkombination. ❾ plus ❾ – das sind 18 Einheiten Westen, und damit weit mehr als jene zehn Einheiten, ab der tatsächlich die Gefahr des Umschlagens in Extreme besteht.

Ein Übergewicht im Westen kann auch ins Gegenteil umschlagen: Statt sich in kalt erfolgsorientierte Geschäftstätigkeit zu stürzen, verfallen solche Menschen in eine Art Lähmung, weil ihr Geist vor der Masse an Ideen, Möglichkeiten und Fähigkeiten kapituliert. So viele Wege stehen offen, dass sie im wahrsten Sinne des Wortes nicht mehr wissen, wo ihnen der Kopf steht – vergleichbar dem Geschehen bei einem Migräneanfall, dem fast immer ein überfüllter Terminkalender beziehungsweise eine Form der Überforderung vorausgeht. Es scheint unmöglich, alles auf einmal zu bewältigen, also blendet der Kopf aus. Und dann geht gar nichts mehr.

Die Heilung solcher Entwicklungen ist möglich und manchmal mit einfachsten Mitteln zu erreichen. Wer im Westen „überbesetzt" ist, sollte die Farbe Weiß in der Kleidung meiden und sich an Tagen mit den Zahlen ❾ und ❹ im aktuellen Datum klug verhalten, seine Kräfte gut einteilen. Schritt für Schritt – immer nur das Aktuelle und Nächstliegende anpacken und sich weder geistig noch körperlich verzetteln. Die Farbe der genau gegenüberliegenden Station ist immer hilfreich, um Extreme zu neutralisieren und zu heilen – im Falle des Westens also die Farbe des Ostens: Grün.

Auch würde es schon viel helfen, sich mit Menschen zu umgeben, die den Osten (❽ und/oder ❸) im Geburtsdatum haben. Das hilft besonders, wenn man selbst keinen Osten besitzt.

Wenn man den größtmöglichen Erfolg mit einer Station genießen möchte, sollte man sich nicht seelisch einbetonieren, sondern seine Schätze immer im Kreis weitergeben, an die jeweils nächste Station. Im Falle des Westens also an den Norden – an Menschen mit ❻ und/oder ❶ im Geburtsdatum. Oder als Ausnahme an die Mitte mit ❺ und ⓿ im Geburtsdatum.

Gefahr erkannt, Gefahr gebannt: Sie können jetzt früh genug handeln. Allerdings nach reiflicher Überlegung. Nichts hektisch überstürzen (Geduld gehört nicht gerade zu den Schätzen des Westens). Mit den Farben Grün und Gelb können Sie regulierend eingreifen, sowohl in der Kleidung als auch in der Farbgebung zu Hause und am Arbeitsplatz. Finden Sie einen Anfang, um der Harmonie und Balance das Tor zu öffnen. Eine der besten Methoden gegen eine extreme Entwicklung des Westens ist das Vorgehen Schritt für Schritt. „In der Ruhe liegt die Kraft" – dieses Sprichwort zu verwirklichen wäre im Westen die Medizin. Suchen Sie sich selbst die für Sie passenden Lösungen aus.

Null und Fünf – die naturgeborene, ausstrahlende Kraft der Mitte

Der Beruf des Bauern ist wohl weltweit unter allen Berufszweigen am meisten geprägt von alten Traditionen, von gelebtem Brauchtum und Sicherheit gebenden Sitten – außer natürlich dort, wo ungezügelte Industrielandwirtschaft eher nach Ingenieuren verlangt als nach Menschen, die in Harmonie mit der Natur leben. Zu den fast weltweit geübten Sitten gehört die Übergabe des Hofes an den ältesten Sohn. Nicht so dort, wo das Zahlenrad im Alltag noch lebendig ist. Im Extremfall kann es dann geschehen, dass nicht der älteste Sohn den Hof übernimmt, sondern die jüngste Tochter. Nämlich dann, wenn sie die „richtigen Zahlen" hat – nämlich eine ⓿ und/oder eine ❺. Aus persönlicher Erfahrung kennen wir einen solchen Fall: Der älteste Sohn wurde glücklich als Musiker, die jüngste Tochter betreibt heute den Hof mit Können und Leidenschaft.

Das Geschenk der Zahlen 0 und/oder 5 im Geburtsdatum verleiht deren TrägerInnen ganz sicher eines: Stabilität in fast allen Lebenslagen. Es gibt nicht viel, was die Menschen der Mitte aus der Ruhe bringen kann. Geduld und Opferbereitschaft, aber auch Kreativität, Großzügigkeit und Naturverbundenheit sind in der Mitte zu finden. Die große Fürsorglichkeit, die hier zu Hause ist, bewirkt ein starkes Gefühl von Verwurzelung, sowohl in der heimatlichen Umgebung als auch in festen Lebensprinzipien. Tiefe Spiritualität ist bei den Menschen der Zahlenrad-Mitte ebenso oft zu finden wie klare Vernunft. Bodenständiges Denken zeichnet sie aus, oftmals bringt man ihnen große Sympathie entgegen.

Die Menschen der Mitte haben es gern, wenn sie jemanden (oder etwas) bedingungslos umsorgen können. Das „Helfersyndrom" findet durchaus eine Heimat in den Zahlen der Mitte. In welche Richtung sich die Mitte im Alltag entwickelt, hängt sehr stark von den übrigen Zahlen im Geburtsdatum ab. Das gilt selbstverständlich für alle Himmelsrichtungen, nur bei der Mitte kommt noch ein besonderes Element hinzu: Der Unterschied zwischen einer 0 und einer 5 im Geburtsdatum ist eher wenig ausgeprägt. Vielleicht könnte man ihn so ausdrücken: Die 5 bringt Willenskraft, Erdverbundenheit, sie ist die Zahl der Gärtner und (Bio-)Landwirte. Dasselbe gilt im Wesentlichen auch für die 0, aber bei ihr kommt hinzu, dass sie eine Art Joker-Funktion birgt. Von allen Fähigkeiten und Himmelsrichtungen trägt die 0 etwas in sich und bringt zudem auch eine etwas stärkere Ader für das Spirituelle im Leben. Das ist das Einzigartige an dieser Zahl. Die 5 besitzt die Energie der Mitte, die 0 ebenfalls, aber zusätzlich ist in der 0 etwas von der Energie aller anderen Zahlen enthalten, wenn auch nicht so kraftvoll wie die jeweilige Zahl selbst. Die Träger einer Kombination aus 0 und 5 besitzen meist eine starke Persönlichkeit. Will man ihr Freund bleiben, muss man sie ihren gewählten Weg gehen lassen.

Ein seltsamer Charakterzug zeigt sich in der Mitte: Oft leiden solche Menschen an starkem Heim- oder Fernweh – kein Widerspruch, sie lesen richtig. Diese beiden Extreme sind hier vereint, tatsächlich auch sehr häufig in einer Person. Schöpferisch tätige, naturverbundene Berufe bringen diese Extreme oft mühelos unter einen Hut. Die Menschen der Mitte sind aufgrund dieser „zweier Seelen in einer Brust" oft Nestbauer und bewegen sich nicht mehr vom gewählten oder hineingeborenen Wohnort fort. Und manchmal eben wandert diese Energie ins Extrem und sie ziehen oft um, weil sie intensiver und genauer als viele andere Menschen fühlen, dass unser aller echte Wurzeln nicht an materielle Dinge und Orte gebunden sind.

In den verschiedensten Berufen ist die Geduld der Mitte von größtem Nutzen. Gärtner, Bio-Landwirte, Förster, Geologen, Erzieher und andere haben es gewiss leichter, wenn sie ihren Weg mit der 0 und/oder 5 antreten. Wer beispielsweise in einem Geschäft ständig anwesend sein muss, dem wäre mit diesen Zahlen sehr geholfen.

Wer mit Zahlen der Mitte noch keinen Beruf gefunden hat und sich im bisher Gesagten wiedererkennt, der sollte vielleicht einmal ein Auge auf Organisationen werfen, die weltweit helfend tätig sind. So könnte beispielsweise von einer Zentrale aus für die ganze Welt gearbeitet werden. Hier ist vielleicht die Erfüllung eines Lebenstraums verborgen.

Die Zahlen der Mitte zu tragen ist vergleichbar mit dem Besitz starker und tiefer Wurzeln. Im alltäglichen Sprachgebrauch wird seltsamerweise eine wesentliche Eigenschaft solcher Wurzeln fast immer übersehen. Sie sitzen nämlich nicht nur fest verankert und trotzen gleichmütig allen Stürmen, sondern sorgen gerade durch diese Kraft und Tiefe für intensive Bewegung – nämlich im Ermöglichen eines starken Wachstums oberhalb der Erde! Keine Wurzel unter der Erde ohne Stamm, Blätter und Blüten im Licht. Und auch wenn die Wurzel noch so klein und unscheinbar ist, sie spendet Leben.

Fest eingebaut in den Lauf aller Dinge lauert naturgemäß auch in der Mitte des Zahlenrads die Kraft zum Gegenteil – die Gefahr der Vergeblichkeit allen Kraftaufwands. Wie jederzeit eine Axt den Fluss der Wurzelkräfte zum Stillstand bringen kann, so kann etwas Ähnliches auch im Leben geschehen. Selbst nach stärkster Verwundung kann der Baum neu austreiben, manchmal aber ist die Kraft der Wurzel vergeblich, die Wunden sind zu tief. Vergeblich Beistand und Hilfe zu leisten ist schon irgendwie traurig und frustrierend – aber immer an gleicher Stelle erfolglos beistehen, das ist Zeit- und Kraftverschwendung und eigentlich eine Sünde gegenüber denen, die Ihre Hilfe dankbar annehmen und im Alltag umsetzen würden.

Das ist eine der wesentlichen Gefahren der Zahlen der Mitte: sich schon mit dem guten Gefühl des Helfens und „Daseins für andere" zufriedenzugeben – ohne darauf zu achten, ob die Hilfe auch wirksam, echt und bedingungslos ist. Echte Hilfe ist immer Hilfe zur Selbsthilfe – Beistand beim Abenteuer Unabhängigkeit und Selbstverantwortung. Echte Hilfe beraubt sich früher oder später ihres eigenen Zwecks und wandert weiter zur nächsten Aufgabe. Unredliche „Hilfe" beraubt dagegen ihr Objekt seiner Selbständigkeit und Freiheit und schafft materielle und/oder seelische Abhängigkeit vom Helfer. Dieser Unterschied ist besonders gut an Schulen zu beobachten. Erinnern Sie sich? Wie viele Ihrer Lehrer und Ausbilder zeigten echte Freude am Fortschritt ihrer Schützlinge?

Sie beobachten diese negativen Neigungen an sich selbst? Ein Gegenmittel ist schon gefunden, es liegt in der Ehrlichkeit sich selbst gegenüber. Es wirkt nur dann, wenn Sie sich langsam von dem zwanghaften Gefühl entwöhnen, „gut" sein zu müssen in den Augen anderer. Das ist ein großes Abenteuer, das sich wirklich zu bestehen lohnt. An seinem Ende winken echte Freiheit und vor allem die Fähigkeit, echte Hilfe zu leisten. Denn dafür wären Sie mit den Zahlen der Mitte bestens ausgerüstet.

Kinder der Mitte wollen viel erleben und können sich für alles begeistern, solange es nur etwas Neues zu entdecken gibt. Sie forschen auch gerne in die Breite, wollen alle Aspekte einer Sache kennenlernen und sind endlos neugierig. Mit einem kleinen, selbst zu pflegenden Garten können Sie allen Kindern eine Freude machen, aber Kinder mit 0 und/oder 5 warten, bis sich auch sichtbarer Erfolg einstellt. „Ich bleibe jetzt hier sitzen, bis der Samen aufgegangen ist!" – das könnte ein Kind der Mitte gesagt haben, und Sie dürfen sich nicht wundern, wenn ein solches Kind nicht aufgibt, nur weil sich nach zwei Tagen noch keine Tomaten zeigen.

Bei der Tierpflege denken Kinder der Mitte ähnlich. Ein eigenes Haustier, ob Hund, Schildkröte oder Hamster, erfährt auch noch nach Monaten und Jahren die angemessene Pflege und Liebe, und „Gassi gehen" wird nicht zur lustlosen Pflichtübung, sobald die erste Begeisterung am neuen Hausgenossen vorbei ist. Aus diesen wenigen Worten ergibt sich von selbst, welche „angemessene Pflege" für Kinder der Mitte angebracht ist: alle Neugier, allen Forscherdrang, alle Liebe zur Natur fördern, so gut es geht. Sie werden dann wahrscheinlich ein Kind heranwachsen sehen, das mithelfen wird, Natur und Umwelt von den Sünden des 20. Jahrhunderts zu befreien – ein Segen für die ganze Welt.

Auch hier wieder die Frage: Was ist jetzt mit einem Menschen, der als erfolgreicher, kühl rechnender Geschäftsmann liest, welche tiefe Naturverbundenheit sich in den Zahlen 0 und 5 verbirgt, der aber dieses „grüne Band" und die Verpflichtung nicht fühlt? Wieder gilt wie bei allen anderen Zahlen vorher: tief hineinschauen, weit zurückschauen und sich erinnern, sich versenken in die eigene Vergangenheit. Denn die 0 und/oder 5 nicht zu leben, nicht ihr verborgenes Geschenk anzunehmen, das wäre wahrlich Verschwendung!

Was ist hier falsch gelaufen? Zuerst möchten wir Ihnen versichern, dass Sie jetzt nicht ins Grübeln kommen sollten, wenn Sie alles in allem mit sich und der Welt im Reinen sind. Sie haben Ihr Leben eben anders eingeteilt und es ist gut so. Wenn Sie aber fühlen, da ist etwas Wahres dran, so ganz lebe ich nicht nach meinem Gefühl, dann machen Sie sich auf den Weg, die Gründe dafür genauer zu betrachten. Vielleicht sind es nur verholzte, erstarrte, überlieferte Werte und Gewohnheiten, die Sie mit Ihrem wertvollen Leben füllen wie alte Theaterkostüme?

Vielleicht haben sich auch nur alle um Sie herum daran gewöhnt, dass Sie Ihr Leben so führen, wie Sie es tun? Was auch immer die Gründe für das Entfernen von Ihrem wahren Kern sind: Beginnen Sie mit dem einfachsten Schritt, um Ihre Schätze zu heben. Der Mitte ist die Farbe Gelb zugeordnet, mit ihrer Anwendung im Alltag – in der Kleidung, in der Wohnung, am Arbeitsplatz – sprechen Sie eine Einladung an die schlafenden Kräfte der Mitte aus. Langsam werden sie erwachen und Ihnen wieder zur Verfügung stehen. So viel ist sicher: Wer eine 0 und/oder 5 im Geburtsdatum hat, sollte sie unbedingt auch leben, wenn das Gefühl dafür da ist. Am Anfang kann es hilfreich sein, sich mit diesen Zahlen zu stärken und gleichsam zu „imprägnieren": Wählen Sie beispielsweise die 0 und/oder 5 bei alltäglichen Dingen wie Startnummern, Lieblingszahlen, Telefonnummern, Autokennzeichen, Safe-Nummern, Passwörtern, Handynummern und Ähnlichem. Die 0 in den Zahlen 10, 20 und so weiter zählt hier auch!

Bei Männern ist es nicht so einfach, die Farbe Gelb in der Kleidung einzusetzen, aber ein gelber Faden am Handgelenk würde schon genügen. Unsere Leserinnen tun sich da leichter. Könnte es sein, dass Gelb schon zu Ihren Lieblingsfarben zählt? Ab jetzt wird es nicht mehr unterdrückt, sondern auch getragen, und das auch im

Die Zahlen im Geburtsdatum	6 und 1	8 und 3
Himmelsrichtung	Norden	Osten
Farbe	Blau, Schwarz	Grün
Positive Aspekte	aufnahmefähig sensibel intuitiv begabt tiefgründig bedächtig sanftmütig visionär entschlossen wissensdurstig spirituell mutig weise furchtlos willensstark	naturverbunden einfach genügsam (bei wenigen Einheiten) harmoniebedürftig voller Hoffnung mit langem Atem musikalisch sehr mitfühlend geduldig tolerant kreativ großzügig selbstlos
Negative Aspekte	fanatisch nervig schikanierend belastend leicht zu beleidigen schnell gelangweilt schnell gereizt gleichgültig lustlos allzu ruhebedürftig, depressiv ängstlich machtgierig	manipulierend haarspalterisch zerstörerisch einmischend, neugierig überfahrend naiv leichtgläubig eigensinnig bis starrsinnig verschwenderisch in wechselnden Bereichen reizbar leicht frustriert
Berufe und Arbeitsfelder	Erneuerer, Pionier Anwalt Denker, Schriftsteller Diplomat Lehrer Politiker Richter Forscher Öffentlichkeitsarbeit, Medien Geisteswissenschaften	Heiler Arzt Pfleger Psychologe Prediger Sänger Musiker Diplomat Landwirt Erzieher
Qualität	Inspiration, Wille, Tiefe, Wasser, Kommunikation (wissend)	Höhe, Neuanfang, Licht
Weibliche/ 9 männliche Energie 0	weiblich 6 männlich 1	weiblich 8 männlich 3

7 und 2	9 und 4	0 und 5
Süden	Westen	Mitte
Rot	Weiß	Gelb
begeisterungsfähig temperamentvoll energisch unabhängig sparsam charismatisch findet Gehör aktiv Veränderung liebend leidenschaftlich freudig neugierig	handwerklich begabt gläubig kreativ tüchtig geschäftstüchtig erfolgsorientiert erfolgreich kritikfähig scharfsinnig durchsetzungsstark ehrgeizig pflegt gute Beziehungen	schöpferisch opferbereit großzügig geduldig naturverbunden ausgeglichen zentriert beharrlich spirituell sympathisch fürsorglich vernünftig hilfsbereit
hochmütig herrschsüchtig rachsüchtig geizig schnell gelangweilt sprunghaft, unstetig zu Extremen neigend zu Verausgabung neigend zu Übertreibung neigend begierig theatralisch trauernd zu Hysterie neigend	widersprüchlich überpedantisch notfalls betrügerisch zerstörerisch materialistisch ehrgeizig widersprüchlich heuchlerisch bestechlich wirklichkeitsverdrehend nach Macht strebend berechnend egoistisch	verschwenderisch geistesabwesend träumerisch zerstreut allzu großzügig lässt zu viel durchgehen zu Grübelei neigend zu Fanatismus neigend
Mönch Revolutionär Pfarrer (Prediger) Forscher Architekt Philosoph Maler	Erfinder Handwerker Techniker rechnender Kaufmann Mechaniker Pilot Rennfahrer Sportler (aus Ehrgeiz) Anwalt	Landwirt Förster Gärtner Politiker ehrlicher Kaufmann Geologe Mäzen Inbegriff der Mutter Beschützer
Temperament, Verbreitung, Feuer, Lauffeuer, auch Kommunikation (begeisternd)	Materie, Metall, Werkzeug, Geschäftssinn, Erfindung, Handwerk	Zentrum, Erdung, Ausgleich für alle Extreme
weiblich 7 männlich 2	weiblich 9 männlich 4	weiblich 0 männlich 5

Winter! Und welche Farben die neuen Handtücher haben könnten, wissen Sie nun auch. Es gäbe so vieles, um der naturverbundenen Kraft der 0 und/oder 5 Raum zu geben, zum Leben zu verhelfen, auch in der kleinsten Stadtwohnung. Vielleicht ein Kräuterkistchen am Fensterbrett, ein Mini-Glashaus auf dem Balkon? Lassen Sie Ihrer Fantasie freien Lauf und wecken Sie Ihre Mitte zu neuem Leben, zum Wohle aller!

Mit diesen Ausführungen zum Thema „Zahlenrad" und zum Geschenk der Zahlen in Ihrem Geburtsdatum haben wir Sie hoffentlich neugierig gemacht, was sie für Sie ganz persönlich bedeuten – für Ihre „Signatur" im Zahlenrad, die spezifische Kombination Ihrer Zahlen. Jede einzelne der 32 Signaturen besprechen wir ausführlich in unseren Büchern zum Thema Zahlenrad.

Die Tabelle auf den Seiten 150 und 151 verlangt zweifellos nach ausführlicher Erklärung, für die aber hier leider kein Platz ist. Möge sie als Anstoß und Inspiration dienen, sich mit dem Wissen um das Tiroler Zahlenrad intensiver zu befassen. Dass es sich für Sie und Ihre Umgebung lohnen würde, das können wir garantieren. Es ist ein Abenteuer der besonderen Art!

„Das Tiroler Zahlenrad" und „Lebenschance Zahlenrad" – so heißen unsere beiden Bücher zum Thema, erschienen im Gräfe & Unzer Verlag (auch als Taschenbuch).

Wir senden Ihnen gerne eine individuelle Kostprobe zu, wenn Sie uns Ihr Geburtsdatum nennen. Schreiben Sie an: vrz@aon.at

12

Zum guten Schluss

Wie ein Neuanfang gelingen kann

» Und jedem Anfang wohnt ein Zauber inne, der uns beschützt
und der uns hilft, zu leben, wir sollen heiter Raum um Raum
durchschreiten, an keinem wie an einer Heimat hängen,
der Weltgeist will nicht fesseln uns und engen,
er will uns Stuf' um Stufe heben, weiten. «

(HERMANN HESSE)

Sie wollen Altes ablegen und einen Neuanfang wagen? In welchem Bereich des Lebens auch immer – Beziehungen, Beruf, schlechte Gewohnheiten, mehr Bewegung, Essverhalten. Es wird Sie vielleicht jetzt nicht mehr überraschen, dass Ihnen auch hier der richtige Zeitpunkt und der Mondkalender zu Hilfe kommen können.

Schlechte Gewohnheiten – davon lassen wir uns alle plagen, der eine mehr, die andere weniger. So mancher Erfolg im Leben lässt auf sich warten oder bleibt ganz aus, nur weil sie in Körper und Geist so starke Wurzeln geschlagen haben, dass Ideen nicht umgesetzt oder Aufgaben nicht angemessen und zeitgerecht erledigt werden können.

Tatsächlich sind es oft kleine, „unscheinbare" und alltägliche Dinge, die wir zur Gewohnheit erstarren lassen und deren Auswirkungen uns nicht bewusst sind. Ein Beispiel: Der tägliche Konsum von Kaffee, selbst dann, wenn wir uns gar nicht müde fühlen. Die körperlichen Auswirkungen von Kaffee sind gravierend und tiefgreifend, genau wie die zahlreicher anderer „normaler" Lebensmittel, die uns nur müde machen, statt uns wirklich zu ernähren.

Der Spruch: „Das machen doch alle!" ist nichts als eine Ausrede, um den Kopf weiter in den Sand zu stecken und sich nicht mit den Konsequenzen unseres Handelns auseinanderzusetzen. Mancher ist beispielsweise süchtig nach Süßigkeiten. Diese Menschen können keinen Feierabend verbringen, keine Mini-Leistung vollbringen, ohne sich zu „belohnen". Was aber ist das für eine Belohnung, die uns müde und reizbar macht, uns übersäuert und uns Übergewicht beschert, die uns morgens ebenfalls kaum aus dem Bett kommen lässt? Es ist wohl eher eine Strafe, oder?

Abhängigkeit, Sucht, Gewohnheit, Tick – was macht eigentlich den Unterschied aus? Erst wenn Sie auf eine Gewohnheit, sei es im Denken, im Handeln oder etwa beim Essen oder Trinken *verzichten,* können Sie beurteilen, ob es „nur" eine Kleinigkeit oder eine ausgewachsene Sucht war. Stellen sich nämlich Entzugserscheinungen ein, gleichgültig in welcher Schwere, hat es sich um eine Sucht gehandelt.

Wer nicht mindestens sieben Tage lang auf eine Gewohnheit verzichten kann, ohne einen Verlust an Lebensfreude und Lebensqualität zu empfinden, der hat Grund, sich die Sache näher anzuschauen und sich zu fragen: Wer ist hier eigentlich der Herr im Haus?

Scheinbar unbedeutende toxische Gewohnheiten haben schon so manche Ehe ruiniert, weil man sie oft völlig unterschätzt hat. Es sind aber genau die täglichen Kleinigkeiten, die uns lieblos oder fürsorglich erscheinen lassen. Irgendwann läuft das Fass über und die Achtung voreinander und das Vertrauen gehen verloren, oft unwiederbringlich. Was beinahe noch häufiger unterschätzt wird, ist der allmähliche Verlust an Selbstachtung, und dies wiederum verstärkt das Verhalten und die Gewohnheiten, die für andere auf Dauer untragbar sind.

Dabei wäre es meist nicht so schwer, diese Kreise zu durchbrechen. Sie sind ein selbstständiger, eigenverantwortlicher Mensch. Sie haben es nicht nötig, Ihr Leben zu verschwenden, indem Sie Ihr Verhalten ständig rechtfertigen. Sie haben das Recht, Ihr persönliches Glück zu schmieden, denn nur Sie selbst sind dazu in der Lage. Und Sie haben das Recht, nur mit den Menschen engere Bindungen einzugehen, die Ihnen Gutes wünschen und Sie mögen. Wenn Sie sich dessen bewusst sind und danach handeln, haben Sie schon einen großen Schritt getan. Und vergessen Sie nicht, dass es nichts nützt, jemandem nur helfen zu wollen. Derjenige muss es auch selbst wollen.

Lieben Sie sich selbst noch ein wenig mehr als bisher, seien Sie ein wenig mehr auf der Hut, arbeiten Sie an sich und an Ihren negativen Gewohnheiten. Und dann wählen Sie für die Beendigung des Schlechten und den Neuanfang den richtigen Zeitpunkt. Sie werden sehen, die Entzugserscheinungen halten sich in Grenzen.

Sie werden es durchstehen.

Der richtige Zeitpunkt für das Aufgeben schlechter Gewohnheiten und den Beginn wichtiger Vorhaben:

Ideal: Bei Neumond im März sowie jedes Jahr am 2. Februar und am 1. September (außer es herrscht gerade rückläufiger Merkur).

Auch sehr günstig: Bei jedem Neumond.

Eher nicht so günstig: Bei abnehmendem Mond.

Ungünstig: Am 1. August, bei rückläufigem Merkur und leider meistens auch am Neujahrstag, weil dann nur selten gleichzeitig ein günstiger Zeitpunkt herrscht. Ein „rückläufiger Merkur" begegnet uns etwa dreimal im Jahr für jeweils etwa drei Wochen, die Daten ändern sich jedes Jahr und lassen sich im Internet herausfinden.

Auf ein Wort mit Johanna & Thomas

Johanna Paungger: Was meinst du? Haben wir es jetzt geschafft, den Leserinnen und Lesern etwas von der Essenz unserer Arbeit zu vermitteln?
Thomas Poppe: Ich denke schon. Aber mir geht der junge Journalist nicht aus dem Kopf, der kürzlich ziemlich überwältigt war von Fülle und Reichweite des Mondwissens. Er hatte zum ersten Mal von uns gehört und sich einen Überblick über unsere zwölf Bücher verschafft. Er meinte fast resigniert, sein Terminkalender sei ohnehin schon übervoll. „Wie soll ich mich da auch noch zusätzlich nach dem Mondkalender richten?"
Johanna: Er hat nicht ganz unrecht, denn auf den ersten Blick kann es schon überwältigend wirken. Wir hatten zwar Verständnis für seine Reaktion, aber – du hast ihm ganz richtig geraten – sich aus dieser großen Palette die eine oder andere Sache herauszupicken, die ihn ganz persönlich interessiert und die leicht anwendbar ist. Bei ihm waren es die Fingernägel, die sich immer wieder spalteten und leicht brachen, wenn ich mich recht erinnere.
Thomas: Richtig. Der Erfolg damit wird ihn sicher inspirieren, tiefer in die Sache einzusteigen. Und dann wird es ihm so gehen wie mir, als ich dich kennenlernte. Kein halbes Jahr hat es gedauert, bis ich merkte, um wie viel einfacher und erfolgreicher die Dinge laufen, wenn man auf den Mondkalender achtet. Der „richtige Zeitpunkt" spart Zeit! Und Geld!
Johanna: Vielleicht solltest du jetzt doch noch ein paar Worte über dein Buch verlieren: „Espresso mit dem Teufel", weil es ja eigentlich auch die Essenz unserer Arbeit enthält – nur eben auf einer ganz anderen Ebene.
Thomas: Du hast recht, so habe ich das Buch auch empfunden. Ich bin nicht gut in der Selbstdarstellung, deshalb lasse ich meinen Verlag zu Wort kommen, der über das Buch schreibt:

„Thomas Poppe packt in diesem außergewöhnlich tiefgründigen und dabei stets greifbaren und amüsant-provokanten Dialog die großen Themen an, die die Menschen zutiefst bewegen

(u.a. Ökologie, Religion, Ernährung, Migration, Rassismus, Gender, Corona, Gesundheitswesen, Terror, Hass im Netz …). Er hat mit dieser Form der narrativen Lebenshilfe einen Wegweiser durch das Labyrinth des Lebens geschaffen und will den Leser ermutigen, neugierig zu sein, sich eigene Gedanken zu machen, wieder verstärkt hinter die Kulissen zu blicken, die Dinge zu hinterfragen und auf Plausibilität zu überprüfen. Ein Buch, das die Augen öffnen hilft."

Johanna: Das trifft's ganz gut, finde ich. Das Buch ist einfach eine andere Art, die Essenz unserer Arbeit zu präsentieren.

Thomas: Ja, geschrieben habe ich es auch, weil die Gedanken vieler Menschen insgeheim in die richtige Richtung weisen, zu einem Weg der Selbstbefreiung. Das gilt für Teenager wie für Menschen jenseits der Pensionierung – und alle anderen dazwischen. Das Problem ist aber bei vielen, dass sie sich mit ihren Gedanken und Beobachtungen und Erfahrungen allein fühlen, auch wenn sie richtig und heilend wären. Sie wagen es nicht, sie zu äußern, geschweige denn nach ihnen zu handeln. Das Buch soll auch zeigen, dass sie nicht allein sind. Wir sind viele. Wir hoffen, auch dieses Buch dient als Inspiration, den eigenen Weg zu finden, jenseits dessen, was uns die „Normalität" vorschreiben will.

Johanna: Das hoffe ich auch. Vielleicht ist es uns ja gelungen, die Leserinnen und Leser zu inspirieren, das eine oder andere unserer Bücher in die Hand zu nehmen und sich die Tiefe und Schönheit dieses alten Erbes unserer Vorfahren zurückzuerobern. Es lohnt sich – in vielfältiger Weise.

Thomas: Kein Zweifel. Ich denke, damit ist alles gesagt. Wir wünschen gutes Gelingen!

Affirmationen und Meditieren sind zweifellos große Hilfen, um sich mit den „Ecken und Kanten" der eigenen Persönlichkeit auseinanderzusetzen und den eigenen Weg im Leben mutig zu gehen. Wir möchten Ihnen deshalb unser Buch „Meditieren zum richtigen Zeitpunkt" sehr ans Herz legen. Denn nichts kann Gedanken fesseln und versklaven, es sei denn, wir lassen es zu. Ein Mensch, der sich dieser Entscheidungsfreiheit bewusst ist, steht jeden Morgen auf und entscheidet sich für den Gedanken: „Was ich zum Leben brauche, wird kommen." Wie man diese Entscheidungsfreiheit gewinnt und behält, davon handelt dieses Buch.

← Zur Leseprobe

Gute Dinge vom „richtigen Zeitpunkt“

In vielen Zuschriften werden wir nach Bezugsquellen gefragt. Zum Beispiel: „Eure Bücher sind ja wunderbar, aber woher bekomme ich jetzt solche Produkte? Wer richtet sich denn heutzutage noch nach den Mondrhythmen?“ So ist unser **Mondversand** entstanden. Wir wollten einfach zeigen, dass es auch anders geht, dass auch heute noch menschenwürdiges Wirtschaften und Herstellen möglich ist.

Hersteller dafür zu finden war ja wirklich nicht einfach, aber es gab und gibt sie, die Firmen und EinzelkämpferInnen, die einen Neuanfang wagen wollten. Heute haben wir den Beweis, dass es möglich ist, zum Wohle aller. Niemals wäre dieses Abenteuer zu bestehen gewesen ohne den Mut der LeserInnen und aller Beteiligten mit Pioniergeist. Heute können wir fast überall offen über die Mondrhythmen und das Wissen vom richtigen Zeitpunkt sprechen. Ärzte, Heilpraktiker, Tischlereien, Gärtnereien, Schulen, Bauunternehmer und viele mehr profitieren mittlerweile von der Wahl des richtigen Zeitpunkts. Auch unser Mondversand und seine KundInnen. Wer sich generell für unsere Arbeit, für Kalender, Bücher, Mondkosmetik und all die guten Sachen rund um den richtigen Zeitpunkt interessiert und stets auf dem Laufenden bleiben will, holt sich einfach unseren Newsletter bei www.paungger-poppe.com .

Paungger & Poppe
Email: vrz@aon.at
Website: www.paungger-poppe.com
Mondversand: www.mondversand.de

Wir sind auch auf Facebook präsent **(#paunggerpoppeofficial),** und wer uns auch hören möchte, ist mit unserem **Podcast** gut bedient, den man sich bei allen Podcast-Websites anhören oder herunterladen kann.

Anmerkungen

1 Ein Hinweis für astronomisch Interessierte: Funktionierende Mondkalender geben immer den Mondstand im Tierkreis an, nicht den astronomischen Mondstand im Sternzeichen am Himmel.
2 „Fragen an den Mond" (Goldmann-Verlag, als E-Book noch erhältlich)
3 „Vom richtigen Zeitpunkt“ (Irisiana-Verlag). Gebundene Jubiläumsausgabe oder Taschenbuch.
4 In unserem Buch zum Thema „Alpha-Omega-Formel“ (Gräfe & Unzer Verlag).
5 Spezialtipp: Unser Buch „Meditieren zum richtigen Zeitpunkt“ (Goldmann-Verlag 2022)
6 „Der Mythos des Sisyphos“ von Albert Camus.

Die Autoren

Johanna Paungger-Poppe wuchs in einer Großfamilie auf einem Bauernhof in Walchsee/Tirol auf. Ihr Großvater war ein weithin bekannter Heiler, der ihr sein Wissen weitergegeben hat. In der Familie war das Handeln und Leben in Harmonie mit Natur- und Mondrhythmen selbstverständlicher Teil des Alltagslebens – vom Wissen um den richtigen Zeitpunkt von Saat und Ernte über das Heilen mit Kräutern bis zum Wissen um den Einfluss der Zahlen des Geburtsdatums auf unser Leben.

Thomas Poppe, Autor und Übersetzer, lernte Johanna bei der Zusammenarbeit an ihrem ersten Buch, »Vom richtigen Zeitpunkt«, kennen. Seit mehr als drei Jahrzehnten setzen sich die beiden unermüdlich für die Verbreitung ihres Wissens ein und sind damit einem Millionenpublikum bekannt, in inzwischen 30 Sprachen.

Impressum

GRÄFE UND UNZER

EDITION

Gräfe und Unzer ist eine eingetragene Marke der GRÄFE UND UNZER VERLAG GmbH, www.gu.dc

ISBN 978-3-8338-8202-9
1. Auflage 2022

Lizenziert durch Studio Hamburg Enterprises GmbH

Projektleitung: Claudia Bruckmann
Lektorat: Dorothea Steinbacher
Korrektorat: Cornelia Klaeger
Umschlaggestaltung & Layout:
ki36, Sabine Skrobek
Herstellung: Markus Plötz
Satz: Björn Fremgen, KONTRASTE
Reproduktion: Repro Ludwig, Zell am See
Druck und Bindung:
aprinta GmbH, Wemding

Umwelthinweis:
Dieses Buch ist auf PEFC-zertifiziertem Papier gedruckt. PEFC garantiert, dass Holz- und Papierprodukte aus nachhaltig bewirtschafteten Wäldern stammen.

Wichtiger Hinweis:
Die Informationen in diesem Buch stellen die Erfahrungen und die Meinung der Autoren dar. Sie wurden von ihnen nach bestem Wissen erstellt und mit größtmöglicher Sorgfalt geprüft. Sie bieten jedoch keinen Ersatz für persönlichen kompetenten medizinischen Rat. Weder die Autoren noch der Verlag können für eventuelle Nachteile oder Schäden, die aus den im Buch gegebenen praktischen Hinweisen resultieren, eine Haftung übernehmen.

Die GU-Homepage finden Sie unter www.gu.de

GRÄFE UND UNZER

Ein Unternehmen der
GANSKE VERLAGSGRUPPE